夫唱婦随で続けた
消臭造花鉢づくり

アドバンス北陸サービス
創業50周年記念

昭和ひとけた世渡り伝

88歳、起業こそわが人生

いざ発進。

「地域とともに歩む」をモットーに、もっともっと社会に貢献します。

金沢に新拠点、

西金沢に近い保古2丁目にアドバンス北陸サービスの新拠点が令和5年3月、完成しました。

完成したアドバンス北陸サービス金沢本社新社屋を背に記念写真におさまる役員、社員＝金沢市保古2丁目

やわらか発想生む職場

いくつもの知恵を集めてユニークなアイデアに実らせる執務スペース

地域の子供たちに利用してもらうため設けられたボルダリング。
安全安心の備えは万全=アドバンス北陸サービス新金沢本社

地域の人たちと歩む

時には横になっての思案も大事。
休息でひとり閉じこもるテントや寝そべるハンモック

都市型ホテルで清掃

西茶屋街で清掃

金沢駅前広場で清掃

清掃のプロたち、愛され喜ばれる仕事を

巨大な建機を前に清掃に励む従業員
=小松市こまつの杜

一日の計は朝礼にあり。杉本社長（右）以下、行動指針を確認=アドバンス北陸サービス小松営業所

小松営業所で張り切る面々

SDGsをテーマに打ち合わせをするスタッフ=小松営業所

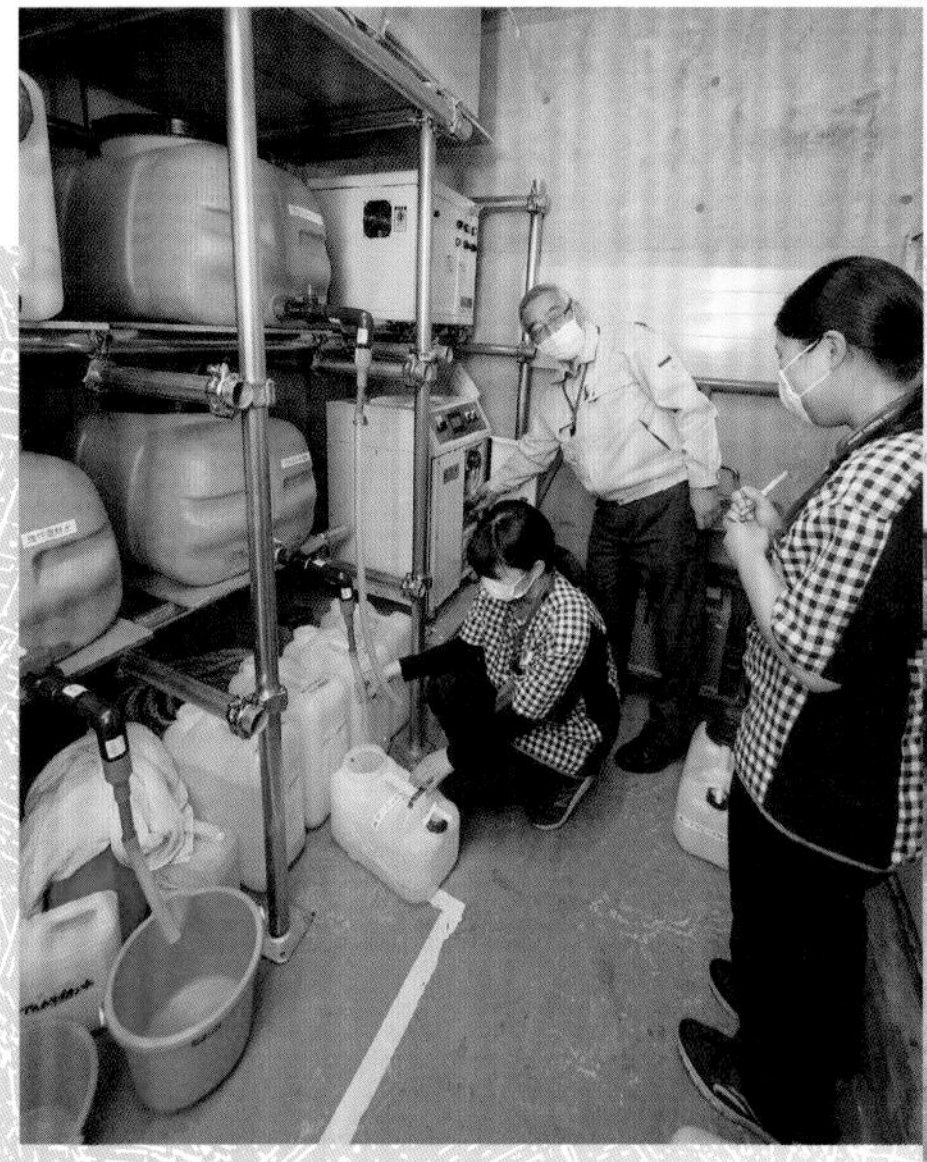

コロナ禍に対応し次亜塩素酸水生成器
を活用したのはもう過去=小松営業所

小松営業所近くの道路脇に花苗
を植え込む従業員=小松市城南町

フラワープランターに花苗
を移植する杉本会長(右端)、
社長(左端)ら=小松営業所

杉本清壽アドバンス北陸サービス会長が生まれ育った、がっぷりした構えの生家=南砺市金戸

ふるさとは近くにありて

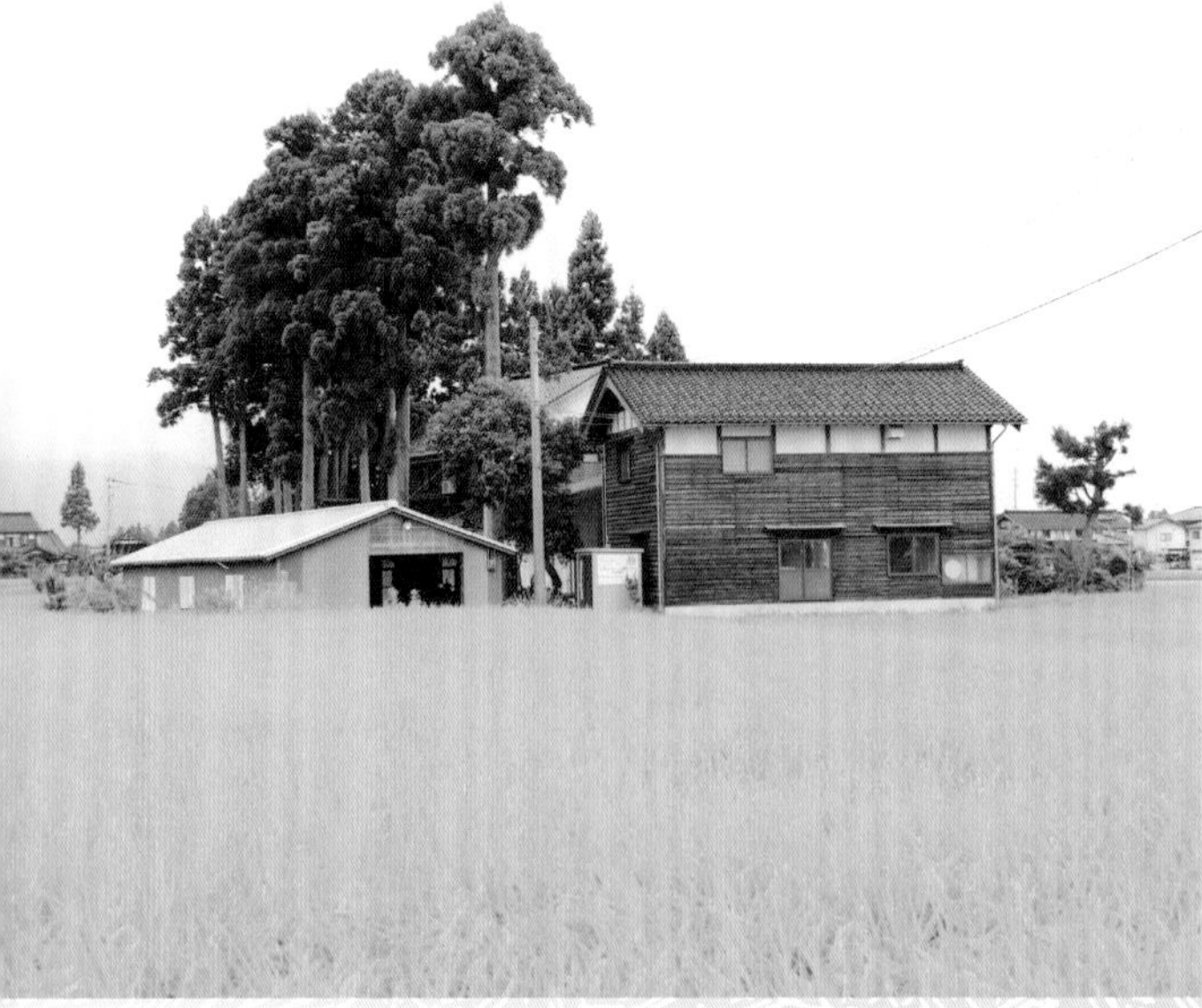

田んぼに囲まれた散居村の杉本家=南砺市金戸

生家に近い、麦屋節で有名な真宗大谷派城端別院善徳寺で。
右から杉本健一アドバンス北陸サービス社長、清壽会長、下風外茂一顧問=南砺市城端

生家で得意の尺八を披露するおいの家主、杉本清(右)=南砺市金戸

令和4年8月、母校を訪れ、北島一朗校長（右）と懇談する清壽会長＝南砺市城端中

令和4年9月のいしかわ富山県人会「つるぎクラブ」で馳浩石川県知事（真ん中）と記念写真に収まる清壽会長（左）、健一社長＝金沢市内のホテル

母校城端中に恩返し

城端中創立70周年記念植樹で桜の木に土をかける田中幹夫市長(左)と清壽会長(平成29年3月)

3メートルほどに成長した桜を背に、城端中創立70年を記念した桜植樹の標柱の傍らに立つ北島校長(左)と清壽会長(令和4年8月)

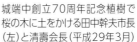

長男健一（左から2人目）、孫優也と談笑する清壽、志眞子夫妻＝小松営業所

親子三代そろいぶみ

スローガンがお好き

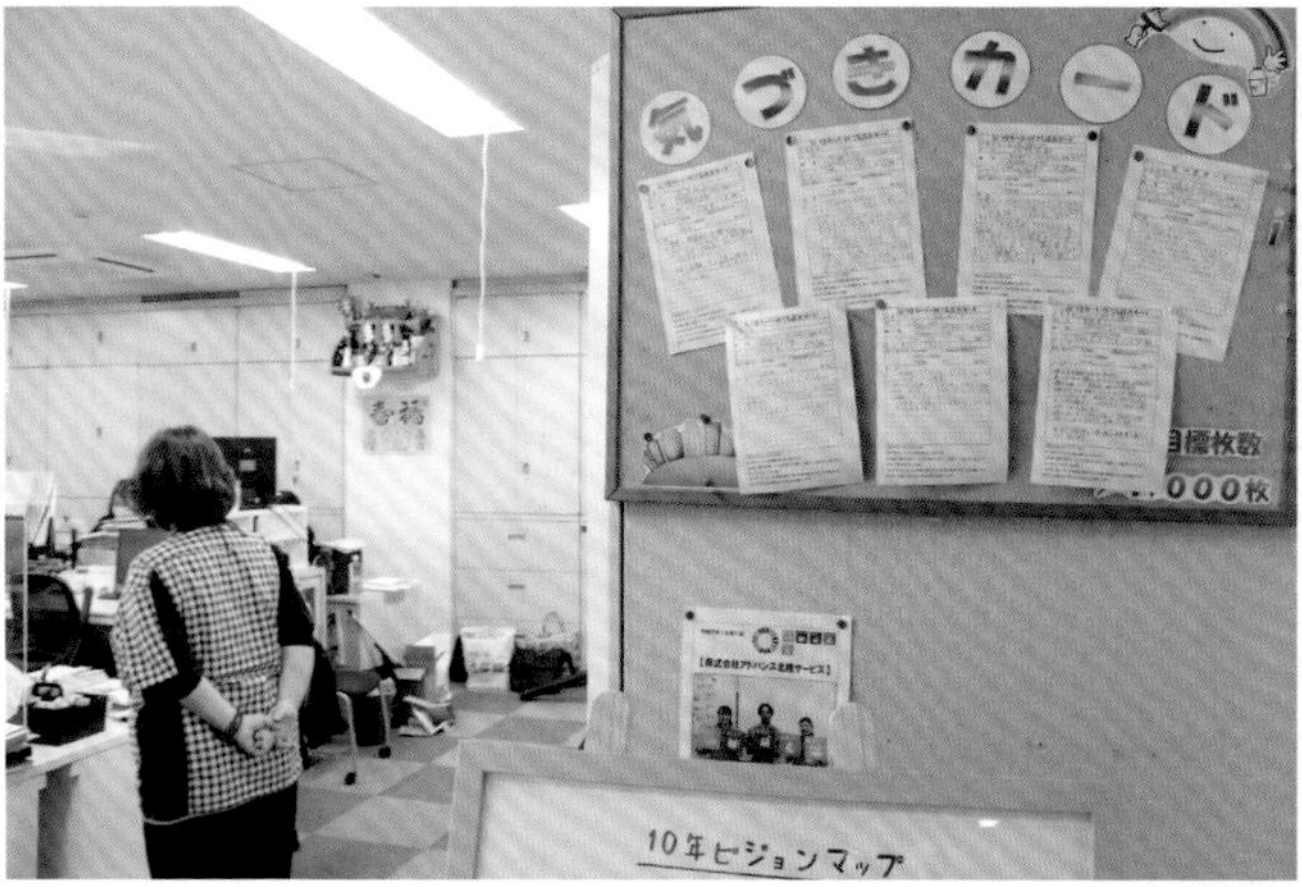

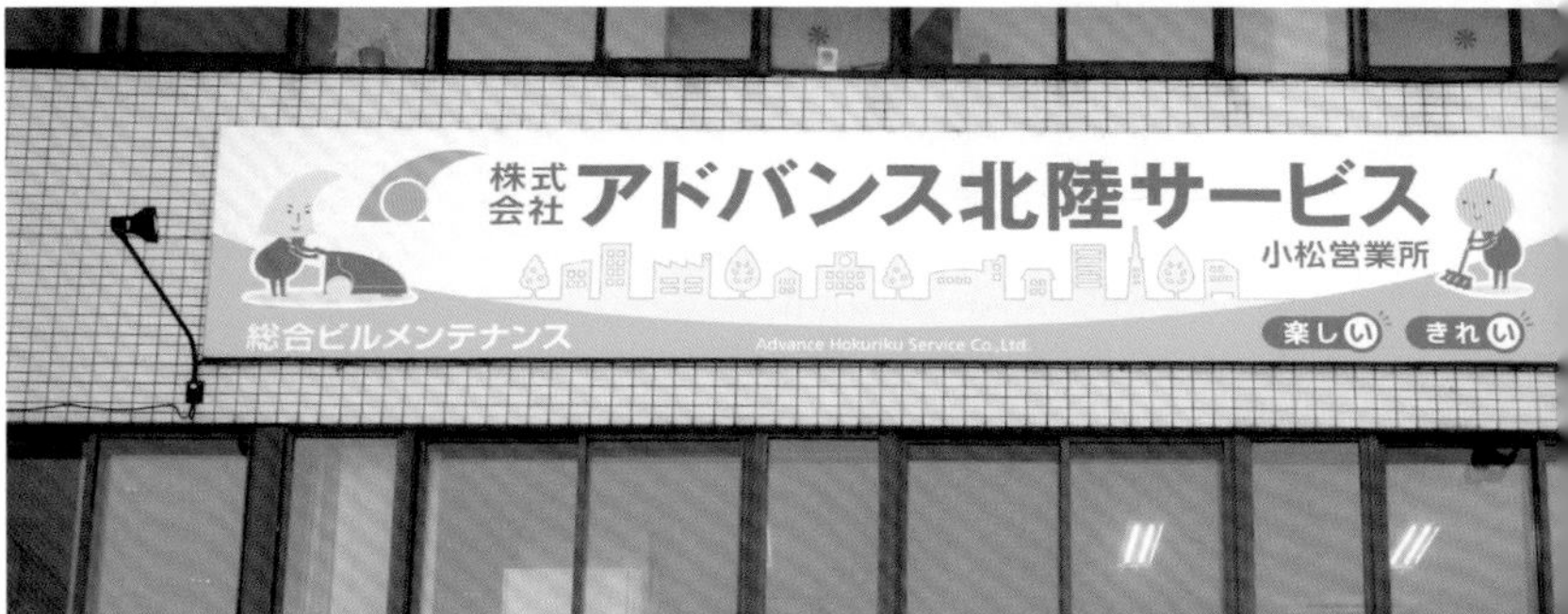

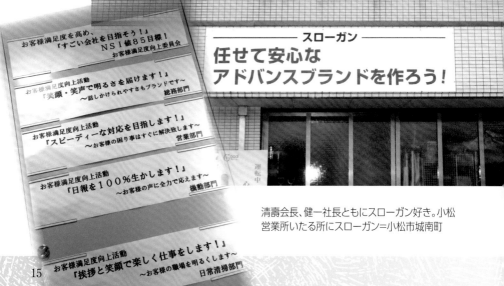

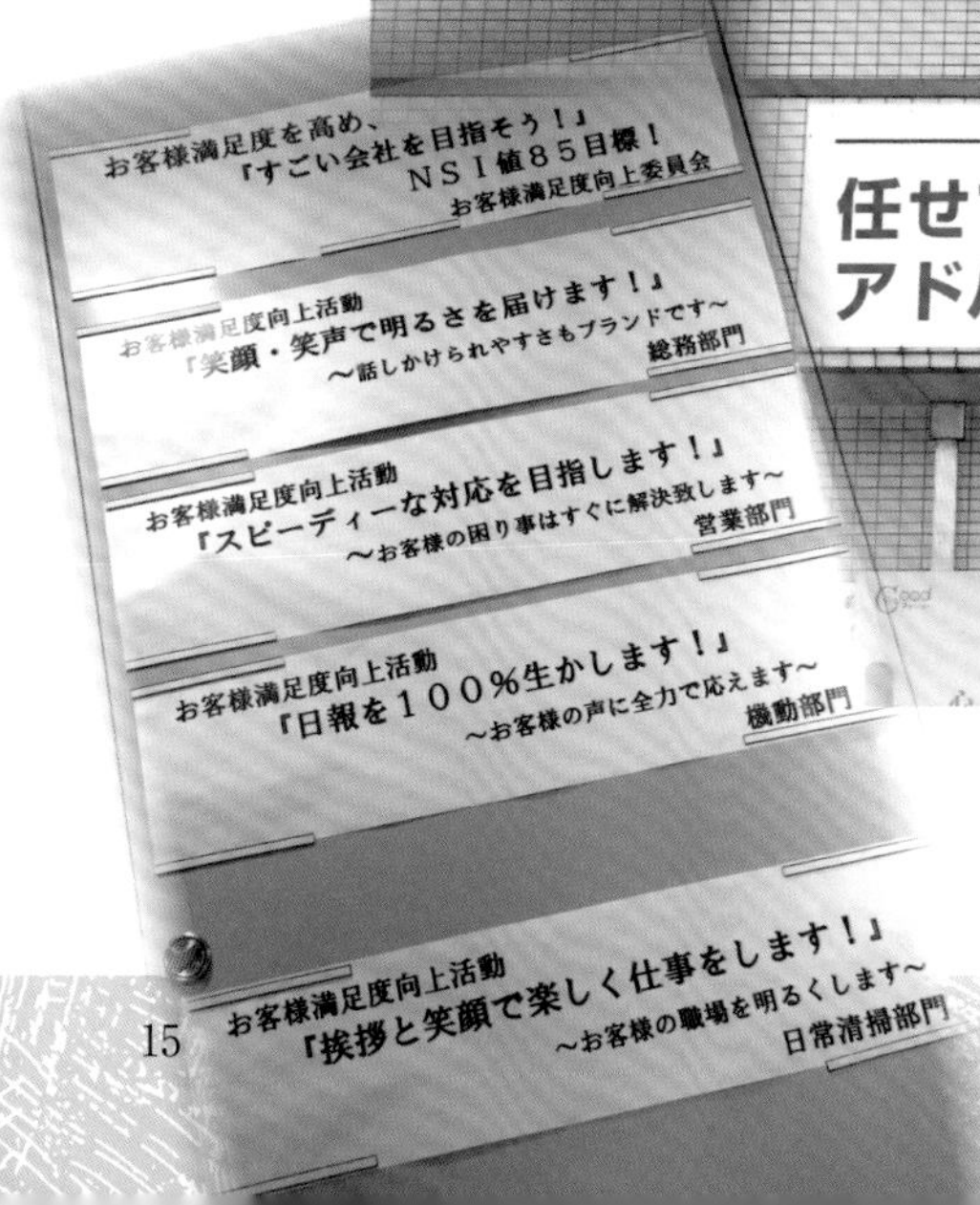

清壽会長、健一社長ともにスローガン好き。小松営業所いたる所にスローガン＝小松市城南町

株式会社 アドバンス北陸サービス

本　　社　〒921-8052　石川県金沢市保古2丁目59番地
TEL(076)227-8259　FAX(076)227-8260

小松営業所　〒923-0941　石川県小松市城南町88番2
TEL(0761)23-3623　FAX(0761)23-3687

白山営業所　〒924-0882　石川県白山市八ツ矢町389-1
ラ・フォーレ106　102号室
TEL(076)274-5008　FAX(076)274-5653

富山営業所　〒939-1843　富山県南砺市金戸250番地
TEL(0763)62-3861　FAX(0763)62-3862

氷見営業所　〒935-0251　富山県氷見市熊無1468
TEL(0766)76-2150　FAX(0766)76-2160

砺波営業所　〒939-1316　富山県砺波市大門325
TEL(0763)23-4567　FAX(0763)23-4568

はじめに

皆さんこんにちは。私、杉本清壽《せいじゅ》と申します。このたび、創業した会社が半世紀を刻み自費出版をさせていただくことになりました。表紙の通り、「昭和ひとけた世渡り伝　88歳、起業こそわが人生」というのが本の題です。

昭和ひとけた最後の９年末に生まれ、戦前戦中戦後と生きて平成から令和に移り、５年目を迎えました。お陰様で、これといった持病もなく、いたって元気で日々是《これ》好日。昨年末に満88歳となりました。有り難いことです。

富山県南砺市、旧城端町の出身で、義務教育を終え社会に出てから様々な仕事に就いて、金沢に本社を置く「アドバンス北陸サービス」という、清掃とビル管理の、株式会社の会長を務めています。創業50周年を迎える今年、現役で仕事も続けています。といっても消臭造花鉢の製作と配達です。これがまた心と体のはりとなって、ボケずに楽しい毎日を過ごせるのかも知れません。

人生百年時代といわれて、もう何年になりますか。65歳を前期、75歳を後期とされる高齢者の皆様は、心穏やかな日々をお過ごしでしょうか。人間だれしも、自分の寿命に従い、やがて生命の停止を迎えます。私など、あと何年生きられるか。最近はそんなことを考えないようにしています。

今、幸せですかと問われると「はい、幸せです」と即答します。この世は心の持ちようでしょう。10人兄弟姉妹の男5人の末っ子、学歴もなく社会の荒波にもまれて歩んでまいりました。裸一貫に親から授かったのは愛嬌《あいきょう》と好奇心、それに耳学問。起業こそわが人生だと会社を築き、妻にも後継者にも恵まれました。これからを生きる参考例として読んで頂ければ幸いです。

私が語る内容を、北國新聞社出版局の福田信一出版部参与に読みやすく、わかりやすいように物語風に綴《つづ》っていただきました。感謝申し上げます。

令和五年三月一日
杉本　清壽

目次

【第3章】人生の伴侶《はんりょ》に出会う

【第4章】個人商店つまずき法人化

【第5章】支えてくれた四本柱

【第6章】事業承継の道つく

終わりに

この本は、施主の杉本清壽氏の要請で杉本氏の口述を基に、諸資料で事実確認を行い、敬称を省略して物語風にまとめさせていただきました。文中の挿画はフリーイラストレーターの横山薫さんが担当しました。

【第1章】 創業50周年の再出発

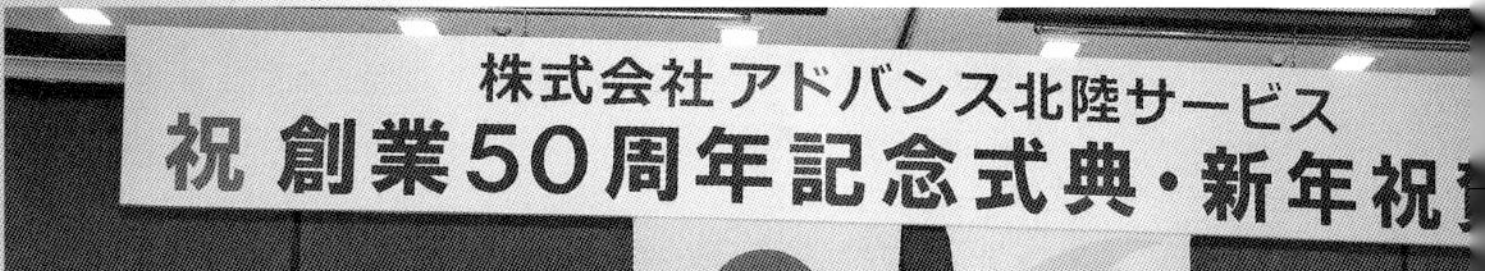

アドバンス北陸サービス創業50周年記念式典で杉本健一社長（中央）から感謝状を贈られた清壽会長と、妻の志眞子
＝令和5年1月21日、ANAホリデイ・イン金沢スカイ

50年の幸せを噛《か》みしめる

杉本清壽《せいじゅ》は杯を傾けながら幸せを噛みしめていた。令和5年1月21日、総合ビルメンテナンス業、株式会社アドバンス北陸サービスの創業者・会長として迎えた50周年記念式典の松の席。ずっと寄り添ってきた妻の志眞子《しまこ》も隣に。社長となった長男の健一、取締役となった孫の優也《ゆうや》もそばにいる。

この日をこうして杉本家三代そろって迎えられるとは、本当に夢のように思われ、清壽は山あり谷ありの過ぎ去りし日々を振り返った。近年、経済界で問題視されている事業承継だが、平成15年に健一が社長となり、令和元年には優也が入社して、まさに願ったり叶《かな》ったりの晩年を生きている。

感謝で胸がいっぱいに

思えば、富山県旧城端町の農家に生まれ、義務教育を終えるや金沢に出て、職を転々とし、志眞子と手を取り合って起業したのが清掃を業《なりわい》とする個人商店だった。これが一時期うまくいった。その勢いに乗り玄関マットやモップをレンタルする会社の加盟店となり、北陸で一、二位を争う売上高を誇った。さらに法人化して売上増を図ったものの、背伸びし過ぎて債務超過となり自主整理したが、その後持ち直し、業容拡大に努め今日に至る。

「皆さん、わが社がここまで大きくなったのは、本当に皆さんのお陰です。私は学歴もなく、この身一つで歩んでまいりましたが、何人もの人に支えられ助けられて、今日があります。昨年12月末で88歳になりました。夫婦ともども何とか元気でやっております」

祝賀会のあいさつで清壽はここまでいうと感謝で胸がいっぱいになった。志眞子は、うんうんとうなずいている。

金沢市神宮寺町の一軒家で、夫婦と数人で始めた「掃除屋」。それが半世紀を経て、コマツ粟津工場や金沢の都市型ホテルの日常清掃を請け負い、今や年商4億円の企業に成長した。

金沢本社を移転開設

創業50周年の令和5年は特に、念願の金沢本社が保古2丁目の住宅街の一角に開設された。これまで、長田町2丁目の石川交通の本社ビル4階にあっ

通称「金石往還」に面した石川交通の本社ビル4階にあったアドバンス北陸サービスの旧金沢本社＝金沢市長田2丁目

た本社を移転し、文字通り、鉄筋コンクリート平屋一部二階建ての自社ビルとなる。これは、県内の金融機関の支店だった居抜き物件を買い取り、リニューアルした。

3年ほど前、健一が清壽に言った提案が実を結んだのである。

「会長、もうすぐ創業50周年やけど、目玉の事業はどうするがいね」

「そうやな、何か考えておるんか」

「金沢本社を移転開設すればどうや」

「そりゃいいいな。よし、それやろう」

北陸道小松インターに近いアドバンス北陸サービス小松営業所。左手奥には白山連峰＝小松市城南町

居抜き物件リニューアル

新築するのではなく、既存のビルなど居抜き物件をリニューアルオープンするのがよかろうと基本方針は決まった。平成年代に小松での仕事が増え、小松営業所が事実上の本社機能を果たしてきたが、色々な意味で金沢に自社ビルを構えるのが今後の発展に欠かせないと物件を探し始めたところ、ほどなく見つかったのである。

建物の構えはいかにも、地元金融機関の支店という感じ。がっぷりとした鉄筋コンクリート造で、1階のど真ん中に大金庫がある。「これはこれで活用できる」として、むしろ、内装、外観を大胆にリニ

地元金融機関支店の建物をリニューアルしたアドバンス北陸サービス金沢本社＝金沢市保古2丁目

ユーアルして、「らしさ」を出そうということになった。

その筆頭は、正面に掲げた縦型サインの「さしすせそうじ舎」、横型サインのモップや清掃器具をデザイン化した絵。ソフトムードたっぷりの演出である。オフィス内の壁にボルダリング*を設けたり、リフレッシュのハンモックやテントも面白い。さらに同様のソフトアイデアでは、健一がアドバンスキャラクターを社員からの応募を起用して制定、商標登録した。創業者夫婦をそれぞれ「セーちゃん」「シーちゃん」と名付けピカピカのビルと3点セットにした愛らしいキャラクターがある。

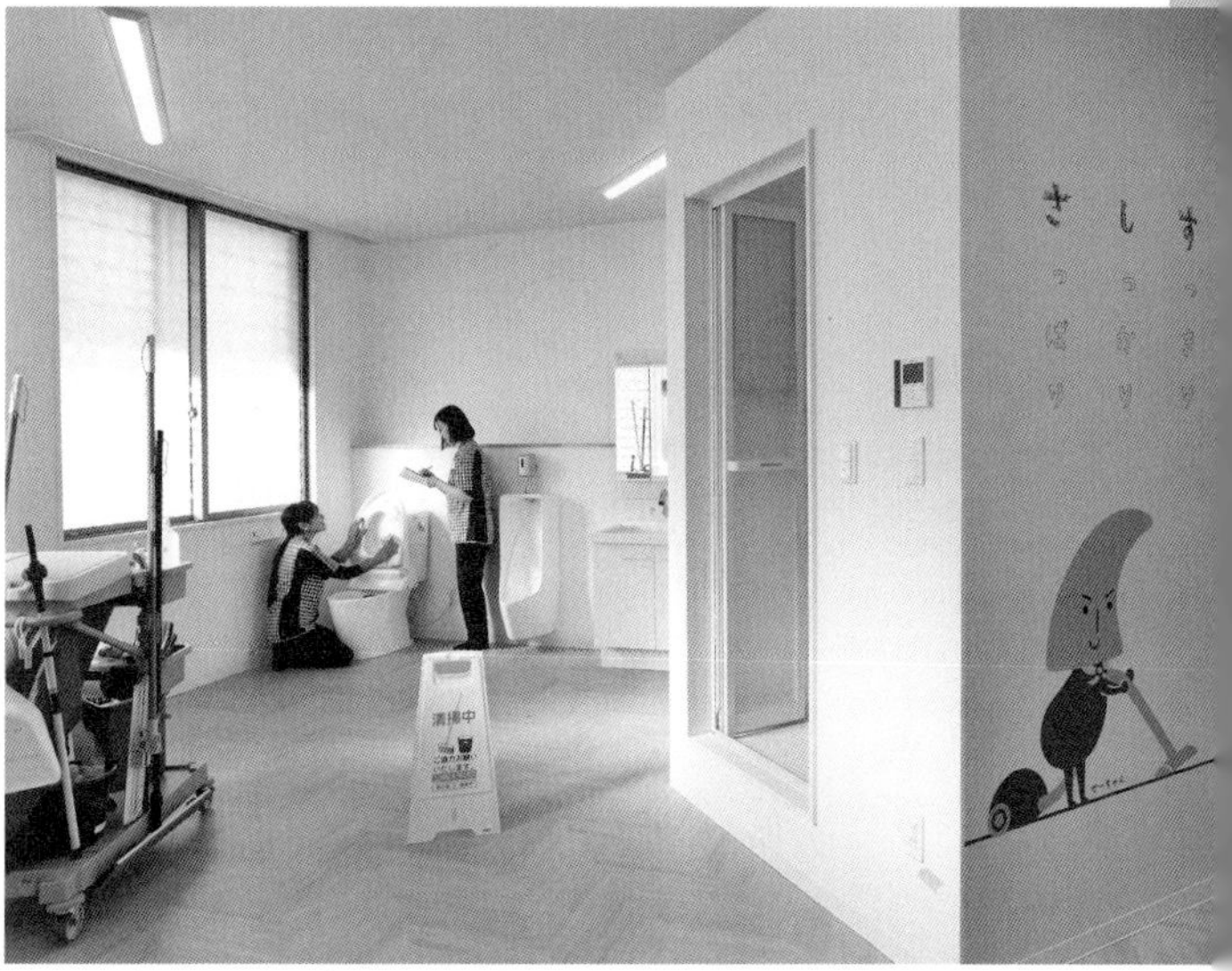

清掃の会社らしく便器や浴槽が置かれた実習スペース
＝金沢本社

＊ボルダリング　クライミングの一種で、最低限の道具で岩や人工の壁面などを登るスポーツ。「岩の塊」「大きい丸い岩」を意味する英語が語源である。

健一はこういうところで親譲りではない異能を発揮する。金沢本社の存在意義もこう説く。文字通り、事業本部ではあるが、地域とともに歩む拠点にもするという。ビルメンテナンス業界は慢性的に人手不足であり、パート、アルバイト従業員の安定的確保が欠かせない。そこで、考えたのが本社周辺の住宅街の主婦層との連携である。というより、例えば、その地域の花いっぱい運動など地域貢献を図り、主婦層には、副収入としての清掃作業のパート、アルバイトを勧める。地域ボランティアは、小松営業所で進めた経験がある。小松市が主催する「フローラルこまつ」に賛同し、花いっぱい運動に携わり、フラワープランターは自社で用意し、春先、パンジーなど色とりどりの苗を植えこみ、市道沿いなどに置いてきたのである。

「清掃だけでなく、きれいな環境づくりもわが社の務めやぞ」

近年、清壽がよく口にしてきた。

花の持つ癒《い》やしのチカラについては、「花は人の心を潤し、環境美化に寄与する」というのが清壽の持論であった。

消臭造花鉢は新金沢本社でも

この持論に従い、清壽と志眞子が続けてきたことがある。それは、元の金沢本社で消臭造花鉢をつくり、県内の社会福祉法人などに無料で届けてきたサービスである。製作は主に志眞子が行い、配達は主に清壽が担当してきた。元金沢本社は令和5年2月をもって閉鎖したが、清壽はこの事業だけは新金沢本社でも続けていきたいとする。

「命ある限り、仕事せにゃならん。志眞子はデイサービスに通う身なのでリタイアさせていただき、私が製作と配達の両方をする。ただ、配達では社長に運転をお願いするんや」

母校に桜80本を寄贈

老いてますます盛んな清壽であるが、花といえば、母校の城端中学校に桜「コシノヒガン」の苗木80本を寄贈したことがある。創立70周年の節目、平成29年3月のことである。

「ふるさとへの恩返し」との趣旨で、管理費100万円とともに母校に託し、春まだ浅い穏やかな日、南砺市長の田中幹夫らとともに、学校入り口の市道沿いなどで、1本1本丁寧に苗木を植え込んだ。

あれから5年余が過ぎた令和4年8月、里帰りした清壽は健一らとともに久しぶりに母校を訪れた。

校舎の玄関先で、校務員とおぼしき人がほうきを手に清掃している。

「すみません。校長先生はいらっしゃいますか」

「私です。何か御用事でしょうか」

校長自ら玄関清掃

清壽も健一もびっくりした。校長自ら作業服姿で玄関清掃をしているとは。

その北島一朗が校長室に案内してくれた。

「校長先生、今ほどはご苦労様でした。なかなかできんことをなさってお
られ、頭が下がります。私、5年前に桜を寄贈させていただいた杉本です」

あらためて、清壽が訪問の趣旨を伝えると、

「その節は有難うございました。桜はすっかり大きくなりました。お陰様
で開花の時期には教職員、生徒の目を楽しませてくれます」

北島の説明では、城端中学校でも少子化が進み生徒数が漸減、3学年で現
在199人、今後、市内の中学校合併もありうるという。生徒数が少ないか

らこそ、懇《ねんご》ろな教育が行き渡ればと願っていると付け加えた。

子の成長見届けるよう

「ちょっと外へ出て桜並木をご覧になりませんか」と北島。雨の日であったので、傘をさし、葉を付けた枝ぶりを確認した。3、4メートルはあろうか。まだ、幹と言えるほどの太さではない。しかし清壽には、わが子の成長を見届けるようで嬉しかった。

清壽からすれば、母校の後輩たちはひ孫のようなものだが、次代を担うのはまさしくこうした世代である。

今や高校進学率は100％に近い。自分がいた頃は義務教育を終え、実社会に出る生徒はかなりいた。自分もそうである。今の子どもたちは恵まれていると思う。自分は教科書もろくに開かない日々を送り、実社会では専ら耳学問に終始した。

最近よく耳にするのは、若い世代が新聞を読まないという傾向である。自分は高校も大学も出なかったが、新聞は「社会の窓」として、よく読んできた。それによって、常用漢字を覚え、国内外のニュースに触れて、一般常識を身につけた。

後輩たちに富山新聞寄贈

清壽は自費出版を機に、今度は母校に愛読紙・富山新聞を寄贈することにした。令和5年2月初旬、再び母校を

北島一朗校長（右）に富山新聞と新聞架及び「昭和ひとけた世渡り伝」寄贈の目録を手渡す清壽（左）と健一＝城端中

訪れた。まずは2年間、今年創刊100年を迎える富山新聞を図書館に置いてほしいと、北島に申し出た。

「校長先生、私はこの春、創業50周年を機に『昭和ひとけた世渡り伝』を自費出版しました。つきましてはこれを10冊と富山新聞を母校に寄贈させていただきたい。これを後輩たちに、折にふれて読むようにすすめてください」

北島は御礼を述べるとともに、図書館の一隅に置くだけに終わらせず、生徒たちが、折々、新聞を読んでいる風景が定着するように努めたいと語った。「教育に新聞を」に少しでも役立てればと清壽は願っている。

◇

清壽は最近、起業について時々考える。中学校を卒業して以来、金沢で懸命に働いて、アドバンス北陸サービスという清掃業の個人商店を起こし、紆《う》余《よ》曲折を経て法人化、今日、それなりの会社に発展を遂げた。文字通り、内助の功を発揮してきた妻志眞子もこれといった持病もなく元気である。長男健一夫婦と白山市山島台の自宅で余生を過ごす。健一は社長となり、孫の優也《ゆうや》も入社して、現場で仕事をこなし令和4年、取締役になった。もう一人の孫、梨紗《りさ》も従業員である。起業した身に、家族によって事業承継できるほど喜ばしいことはない、と思う。

起業こそわが人生

起業といっても、会社を起こすばかりではない。業とはなりわい、つまり仕事であ

誠心誠意で挑み続けるのが起業精神と語る清壽＝金沢市長田2丁目の旧金沢本社

る。どんな状況下でも、常に仕事を創出するのが起業と考える。若い頃、体力に任せて、色々な仕事を同時にこなしてきたのも起業であろう。そんな意味では、実社会に出ての70有余年はまさに起業の連続だった。

新本社で「起業」続ける

満88歳と老いた今、自分にできるなりわいは、志眞子とともに従事してきた消臭造花鉢を一人となってもつくり続け、配達することであろう。福祉施設のトイレなどで、目立たない存在ではある。イヤな臭いを消し、目を楽しませてくれると評判がいい。

新金沢本社に常勤はさすがにできない。週に何日か出勤し、志眞子と編み出した起業の継続なら身の丈に合っている。新本社の一角に陣取り、精進したいと願い実行あるのみである。

【第2章】富山の農家に生まれ金沢で就職

清壽は20代か、南砺市金戸の実家で撮った杉本家の写真。最後列左から2人目が清壽。斜め前が父清三郎、1人おいて母の初枝

最後の昭和一桁世代

杉本清壽は昭和10年1月3日に生まれたと、故郷・富山県南砺市の登記簿抄本に記されている。西暦では1935年。ところが、「実はその5日前の昭和9年12月28日が誕生日なんや」と清壽はあっけらかんと言う。最後の「昭和一桁《ひとけた》世代」なのである。

かつて昭和一桁生まれといえば、その言葉には独特の響きがあった。戦前に生まれ戦中に育って、戦後日本の復興の礎《いしずえ》となった世代とされる。令和4年12月末で元年生まれ

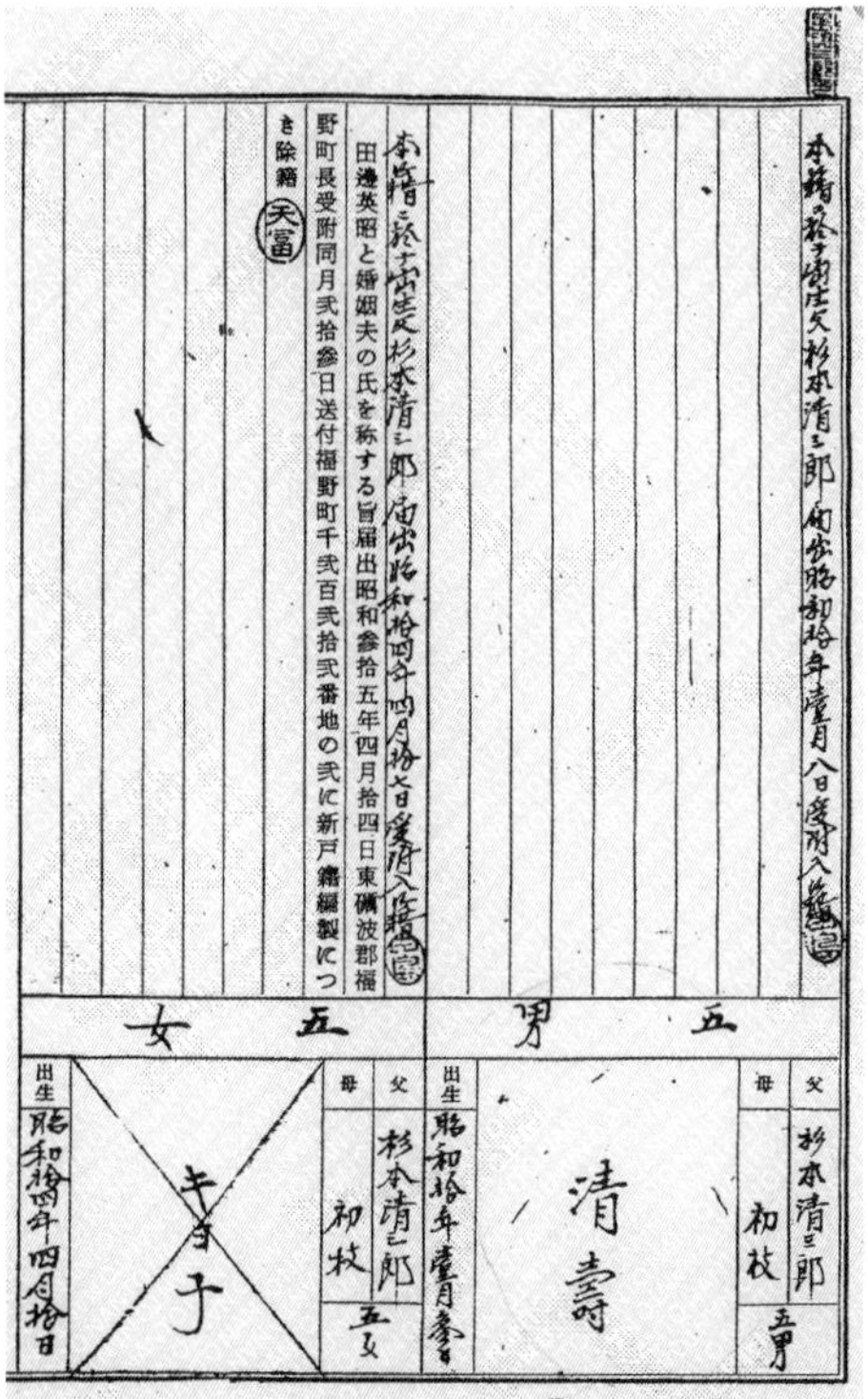
田邊英昭と婚姻夫の氏を称する旨届出昭和参拾五年四月拾四日東礪波郡福野町長受附同月弐拾参日送付福野町千弐百弐拾弐番地の弐に新戸籍編製につき除籍

父	母		出生	名
杉本清三郎	初枝	五男	昭和拾年壹月参日	清壽
杉本清三郎	初枝	五女	昭和拾四年四月拾日	キヨ子

南砺市の登記簿抄本にある清壽の生年月日は「昭和拾年壱月参日」

は96歳、9年生まれは88歳を刻む。

「父親が、ほんながに役場に届け出たんや」。おおらかな時代、現代のように厳密に届け出をしなくても通用したらしい。

「親心からかな。昔は数え年で歳を数えたから、大歳《おおとし》28日の生まれだと、3日過ぎたら新年で2歳になる。かわいそうやと思ったがやろ。それと、この子こそはと期待が大きかったがやろ」。文字通り米寿となった清壽が語る。

10人兄弟姉妹、男の末っ子

富山県東砺波郡南山田村金戸という、砺波平野特有の散居村、稲作農家に生を受けた。散居村は広大な稲作耕地の中に農家が散在する、営農地帯の景色を指す。杉本家も「かいにょ」と呼ばれる杉の屋敷林を持つ、がっぷりとした構えの農家である。父は清三郎、母は初枝。10人兄弟姉妹の男子5人の末っ子で、兄や姉が何人も幼くして病死しており、清壽の名は叔父の宮塚豊次が清壽の父清三郎の一字を取り、健康長寿への願いを込めて、命名した。

杉本家は、60戸ほどあった金戸集落では一町八反の田んぼを有し、年に130俵ほどを農協に供出したという。普通、五反百姓というから、「中くらいの農家」だったようである。父清三郎は温厚かつ実直な農夫で、田植え時期も稲刈り時期も日がな一日、田んぼの世話をした。その父清五郎が絹相場に手を出し失敗して借財に追われたのとは対照的な生き方で通し、清五郎の後始末に苦労した。

清壽の誕生まもなくの頃。
父清三郎（左）、母初枝と

稲作と養蚕に明け暮れる

清壽が物心ついた頃は、もっぱら家業の手伝いに追われた。稲作農家は春の田植えと秋の稲刈りの時、多忙を極める。日の出とともに作業を始め、日没まで懸命に、額に汗して作業に励む。労働に老若男女の差はなく、各々《めいめい》の持ち分をしっかりこなすしかない。また、金戸では農家が兼業として階上の屋根裏部屋で養蚕をしており、杉本家でも副業に位置付けていた。カイコに桑の葉を与える世話は清壽ら子どもにほぼ任された。

薄暮に家に帰ると、家族そろって箱膳を前に掌を合わせ、夕食をいただき、一日の無事に感謝する。清壽の少年時代は、こうした日常の繰り返しだった。

杉本家の仏間には間口一間《いっけん》、いわゆる三百代の豪壮な仏壇が納められており、祖母らが朝な夕な読経《どきょう》にいそしむ姿が、そこにはあった。ことあるごとに、祖父母や父母に「ちんとすわって如《によ》来《らい》さまにお参りしよ」と教えられ、浄土真宗門徒のそうした立ち居振る舞いが、幼い清壽には自然に身についた。家族でも年寄は常住坐臥《じょうじゅうざが》、「ナンマンダブツ、ナンマンダブツ」と呼吸するかのように唱えていたのを覚えている。幼少の頃、清壽にものの道理を教えたのは父母ではなく、もっぱら祖父の後妻い志であった。

三百代の豪壮な仏壇
＝南砺市金戸

ものの道理を教わる

「清《せい》ちゃん、親孝行せにゃ」「人に嘘ついたら極楽《ごくらく》いけんぞ。嘘つきは泥棒の始まりなが」「まじめにコツコツ働けば必ず後々いい生活できるさかいな」。「人にいいことしたら、必ず自分にいいことが返ってくるぞ」。日常生活の折々、い志から、ものの道理を教わり、知らず知らず、「正直で勤勉な人であれ」が頭に刻まれていったようだ。

昭和16年4月、国民学校南山田尋常小学校に入学した。8カ

人生訓を教えてくれた祖父の後妻い志

月後に太平洋戦争が勃発《ぼっぱつ》する。

村から何人もの男たちが、真新しいカーキ色の軍服に身を包み、白いかっぽう着の婦人たちが日の丸の小旗を打ち振る。〽勝ってくるぞと勇ましく誓って故郷《くに》を出たからは手柄たてずに死なれよか、と歌い出す『露営の歌』を斉唱し、「〇〇君、ばんざーい」と歓呼の声で見送った。村の鎮守の金戸神明社から男たちが出征していった姿がまぶたに焼き付いている。もっとも清壽は非常時の大人をよそに、学校から帰ると、遊び仲間と戦争ごっこに明け暮れていた。

終戦の年の8月に入って早々、焼け野原となった富山市の市街地

終戦の20年8月に入り早々の夜半、富山市上空にB29が多数飛来。焼夷弾《しょういだん》が大量に落とされ、東の空を赤く染めた。父母らが「とうとう空襲に遭うたな」と声を震わせて話していたのを覚えている。やがて終戦。22年3月に国民学校を卒業した。小学校ではほとんど勉強した記憶はない。ただ、校庭の一角、奉安殿で毎朝皇居への遥拝を行い、軍服姿の教師から「大日本帝国は鬼畜米英《きちくべいえい》には負けん」と、「神国ニッポン」をすり込まれた日々は忘れない。

同年4月に城端中学校に入学。校舎は旧軍の兵舎を改造したもので、教師も軍隊帰りが少なくない。悪いことをすれば往復ビンタは当たり前という時代に、思春期を過ごした。進駐軍が城端町のあちこちにジープでやってきた。小学生みたいに「ギブミーチョコレート」とはさすがに言えず、複雑な思いでその頃を過ごした。しょっちゅう腹を空かせていたように思う。

垂れ目の「清《せい》ちゃん」は人気者

新制中学は戦時中のそれとはがらりと変わった。運動会を前に、「オクラホマミキサー」などアメリカから入ったフォークダンスで女子生徒と触れ合うのは苦手だった。勉強といっても国語、数学、理科、社会…、予習復習などしたためしはなく、ただ授業を受けるだけ。英語など、小学生の時は「敵国言語」と教え込まれただけに全くなじめず、どの科目も成績はパッとしない。存在感を示

垂れ目の「清《せい》ちゃん」

旧城端町で撮った城端中のクラスの集合写真。質素な服装、女子にはモンペ姿も交じる

せるのは体育のみだった。走り高跳びを得意とするほか、スポーツは何でもこなした。背はそんなに高くなく、垂れ目の容貌でひょうきんなことをよく口にするので、「清《せい》ちゃん、清ちゃん」とみんなから親しまれた。そうこうしているうち、あっという間に3年間が過ぎた。

その頃は、まだ物情騒然とした終戦後の余燼《よじん》がくすぶり、中学卒の生徒は「金の卵」と呼ばれている。地方から東京や大阪へ集団就職する「就職列車」が煙を吐いて都会へと驀進《ばくしん》した。

勉強があまり好きでない清壽は、進学したいと考えたことはなかった。年が明けたある日、

清壽が通学していた頃の城端中校舎。旧陸軍の兵舎を改造した木造だった（昭和22年7月）

父の清三郎から呼ばれた。そんなことは滅多にない。

「おい、金はあまりないがやけど、高校までなら授業料は出せるぞ」

清三郎は自分の掌を見つめて、ぼそりとそう言った。

「なあん、父ちゃん、わしは高校には行かんちゃ」

中学を卒業、木工所に就職

深く考えて言ったのではない。昭和25年3月に中学を卒業すると、ほとんど主体性なく、何となく地元城端の野村木工所に就職した。仕事は、地場産業の絹糸を巻き取るための木製ボビンを作るものだ。木粉《きふん》、木屑《きくず》にまみれて「おもしろくもなんともない日々だった」。そんな単純極まりない仕事に一生就く気など毛頭なかった。帰宅すると、ただ、ボーッとしている日が続く。

それでも、この木工所には1年11カ月勤めた。ある日、これを見かねた祖父の後妻い志に呼ばれた。

「いらん子」が奮起、金沢へ

「清《せい》ちゃん、今の仕事辞めたいんか。悪いけどお前の食いぶちは、うちにはないがやちゃ。金沢へでも働きに行かっしゃい」。い志の言葉は重く、清壽は黙って従うしかなかった。しかし、清壽は「自分はいらん(不要な)子なんや。よし、ほんなら自分でやっていくわい」後年、境遇が変わって何かを決断する時、清壽がひとりごつ「よし」はこの頃から始まった。

後日、城端駅に見送りに来たい志は着物姿で凛《りん》として見えた。「これ持っていけ」。車中で期待して開けた袋に入っていたのは、お金ではなくアメ玉。数えると10個あった。なぜかこのシーンを鮮明に覚えている。「しっかり、働くがやぞ」。これが、祖母の最後の言葉となった。

城端を発つ前、母の初枝が声を掛けた。「清《せい》ちゃん、金沢へ行ったら、茨木町の叔父さんを頼るまっし」。その中山勝太郎を訪ね、「叔父さん、どっかうまいとこないけ」と気安く聞いた。間を置かず「お前、のんきなこと言うとんな」と一喝された。しかし、翌日、「わしがお世話になっとる知った人に頼むさかい、ついてこい。しっかり働かんなんがやぞ」と、彦三町五番丁の佐賀村商会に連れていかれた。

そこは静かな住宅街だった。戦前、このあた

佐賀村商会の当時のたたずまいを残す家屋＝金沢市彦三町2丁目（旧彦三町五番丁）

＊彦三大火　昭和2（1927）年4月21日に金沢市彦三町一帯を焼いた大火。5万坪にわたり733戸が焼失した。これにより都市計画街路「彦三大通り」が造成された。

りで大火＊があり、城下町の街並みは烏有《うゆう》に帰したが、その後の町づくりで大通りが造成されたという。佐賀村商会は大通りに面していた。ふるさとの金戸と大違い、まわりに田んぼなど見当たらず、民家が軒を連ねている。農村に生まれ育った田舎者には、立派すぎる「町」だった。

伯父に促され玄関戸を開けると、化粧品やマッチ箱、歯磨き、歯ブラシ、石鹸、バケツにたわしと、いわゆる生活雑貨が所狭しと置かれ、積み上げられている。

生涯の恩人と出会う

奥から、七三に分けた頭髪に着流し姿、一見やさしそうな主人が出てきた。

「あんたが杉本さんのとこのあんちゃんか。まあ、お座りなさい」。これ

いつも穏やかだった佐賀村善太郎社長

が、清壽にとって生涯の恩人となる佐賀村善太郎との出会いであった。

「あんちゃん、仕事は一生懸命やったら、今にいいことあるぞ。一番年下で入っても、後輩が入ってくると、お前は先輩になるわけやちゃ。始めはわからんことばっかりやけど、覚えていくと、おもしろなるしな。まあ、頑張るこっちゃ」

聞けば、翌日からこの家の2階に住み込み、午前8時から午後10時過ぎまで、日中は商品配達、午後5時からは電話番が仕事だという。まかない付きで朝食はどんぶり一杯、みそ汁と漬物、昼食と夕

佐賀村商会の働く仲間とともに談笑する清壽（左から2人目）。店先に、しめ縄が張られているのは地元神社の春か秋の祭り期間か
＝金沢市彦三町五番丁

夜も更けてひとりで電話番
＝佐賀村商会

食は、それに一品、例えば干《ひ》イワシなどおかずが出るという。思わず腹がぐうーっと鳴った。

まかないの世話をする主人の奥さんは尚子といい、善太郎のあと、やはり着物に白いかっぽう着姿で奥から出て来た。

「うちのお父さんは厳しいけれど、いい人やぞ。杉本さん、精いっぱい頑張るまっしね」

金沢弁で励まされ

金沢弁で励まされると、うれしくなった。17歳にして佐賀村商会に入社したのは、昭和27年2月22日である。それから9年4カ月、同商会に勤務した。

仕事はまず、荷台付き自転車で、市内のお得意先に商品を配達することから始まった。金沢の地理は体で覚えるしかない。朝まだき、店掃除を終え、「行ってきまーす」と元気に声を発し、配達先を目指してひたすらペダルをこいだ。行き先間違いを繰り返すうち、ひとりでに町がわかるようになった。

配達自転車ひっくり返る

一度、ひどい目に遭った。配達途中、繁華街香林坊の信号機のない三差路で、左折しようとして自転車のタイヤが路面電車の軌道にはさまり転倒したのだ。ガシャーン。荷台に

昭和28（1953）年の香林坊三差路。中心街近代化以前の木造町家が並ぶ。市電の軌道が敷かれ、中央にトーチカようの円形交通監視台

積んだ化粧品や香水が四散し、自分も自転車もろとも横倒しになり、手足をしたたか打った。所々、出血した。その頃、三差路の中心にあったトーチカようの円形交通監視台からお巡りさんがとんできて「おい、大丈夫か」。道行く大勢の人たちの視線を浴びて、恥ずかしいやら悲しいやら。もう商品にはならない香水びんのかけらなどを急いで拾い、佐賀村商会に戻った。

善太郎社長から大目玉を食らう覚悟をした。ところが、そうでもないのは拍子抜けだった。悲しかったのは、「電車の軌道にはさまって転倒した」というのを信じてもらえなかったことだ。説明が稚拙だったのかも知れない。

「まあ、わかった。商品はどれも使い物にはならん。まどえとは言わんが、配達には気を付けんなんぞ」。「まどえ」とは「弁償せよ」との金沢弁である。決して大げさでなく、善太郎の背から後光が差しているように思えた。

――なかなかこんな主人はおらん。一生懸命仕えよう。よし、頑張るぞ。

初任給は現金2500円

清壽は、いい就職先に収まり、良き主人に仕えたことに、心から感謝した。初任給は2500円だった。その頃は現金支給である。

「うれして、うれして、その日の夜、寝る前に薄い月給袋を両掌に挟んで拝んで、枕に敷いて寝たなぁ」。70余年前を思い出して清壽は今も声を弾ませる。ちなみに2500円のうちの1500円は食事代にあてた。まかない付きでも、伸び盛

初荷のトラックを背に法被姿の清壽（中央）。やり手の番頭、先輩とともに
＝金沢市彦三町五番丁（現・彦三町2丁目）

「○○化粧品のセールスマンです」と勝負服の背広にカバンを手に

べったりとポマードでリーゼント風に決めた当時流行のヘアスタイル

りの体には、ボリュームがあまりにも少なかった。

営業にやりがい、奮闘

1年、2年と経つうち、家族同様に温かい職場の雰囲気に触れ、暮らしにも余裕ができ、佐賀村商店のために尽くすことが生きがいと感じるようになった。それが「わがのため」でもあった。配達に慣れると、そのうち営業にも回された。入社して4年目くらいか。これがなかなか難しい。けれど、おもしろかった。

先輩たちがそれまで開拓したルートセール

スだと、「佐賀村商会」の看板がモノを言う。小売先は「あんた佐賀村さんのとこの新しい人か」と、いわば佐賀村の看板で買ってくれた。もっとも、はじめての訪店つまり飛び込みセールスは、相手に何か訴えるものがないと決して財布のヒモをゆるめてくれない。ただ、自分の持ち味を出して、ひとたび信用してくれると、「お得意さん」に実を結ぶ。要は、商品のメリットを誠心誠意説いて、相手のニーズにはまると、いい結果が出る。身だしなみも大事にした。パシーッとした服装だと、相手と対等に渉《わた》り合えるのだ。

「お前また売上ふやしたんか。営業の才能あるなぁ」。善太郎は褒《ほ》め上手《じょうず》でもあった。親方に認めてもらうほどうれしいことはない。親方の笑顔を見たい一心で、新規開拓にも労を惜しまなかった。そうこうするうち、月給

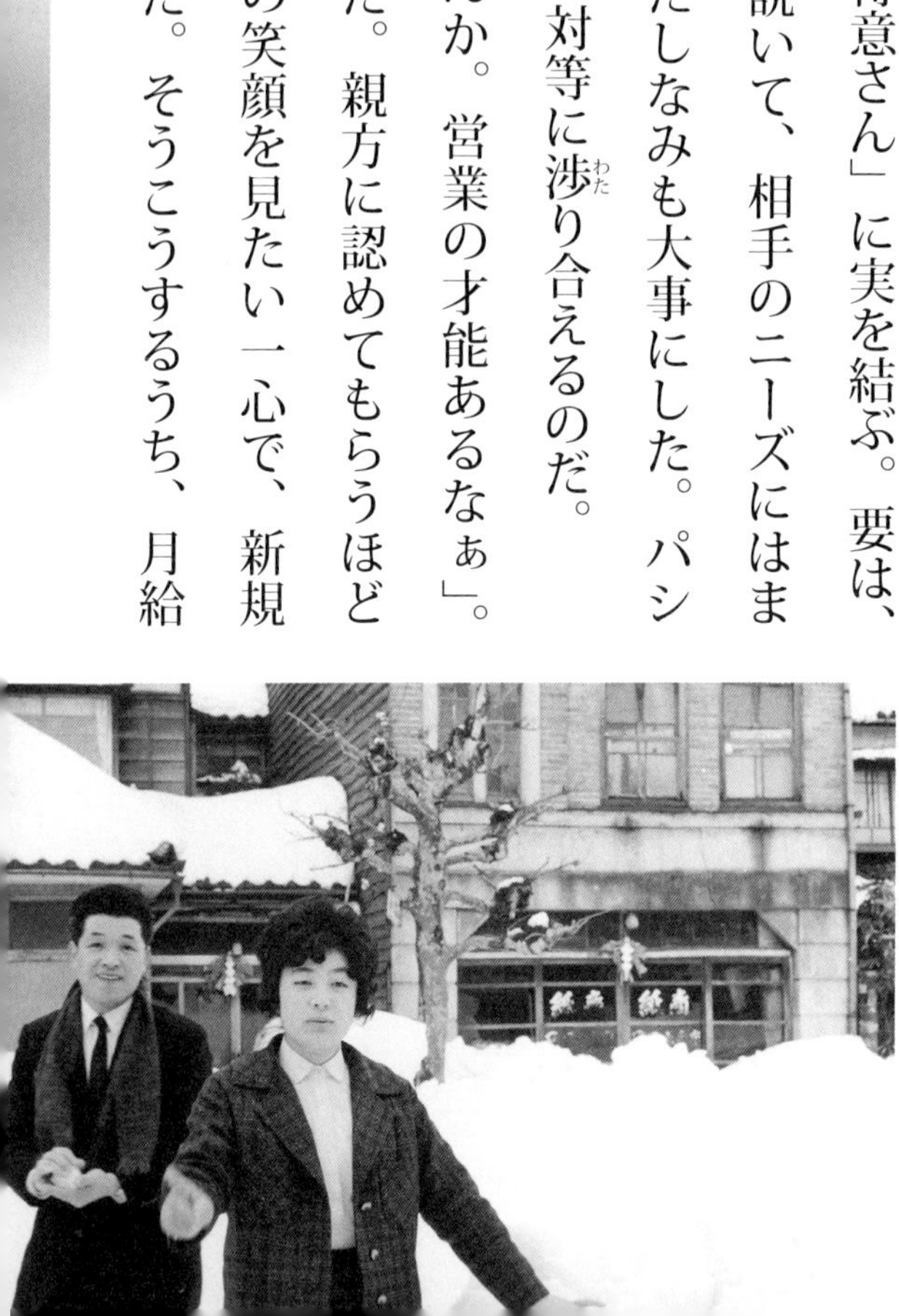

大雪に会社の前で女子社員らと「雪合戦」
＝金沢市彦三町五番丁

清壽のふるさと富山のシンボル富山城での記念写真。後輩の女子社員は大事にした＝富山市丸の内

が次第に増えていった。

後輩社員の面倒をみる

清壽は人の世話をするのが好きで、よく後輩社員の面倒をみた。入社5、6年にして文字通り、役職はないがサラリーマンでいうと主任、係長のような立場になった。

「杉本さん、私らに制服着せてあたらんがか」。後輩女子社員にせがまれると、すぐ行動した。善太郎に懇願すると、「わかったわいや。お前も頑張っとるさけ、後輩の子らにも先輩の力を示さんとな。わしがウンというたと言うたって」

社長の決裁をもらったと伝えると、女子社員全員から拍手で称賛された。

慰安旅行の幹事役もそつなくこなし、みんなから慕われる存在だった。

佐賀村商会は次第に商圏を拡大し、金沢を拠点に加賀、能登はもとより、東は富山あるいは新潟、西は福井まで商圏を拡げ、清壽も方々へ出張し、営業力に磨きをかけた。営業マンは4人、お互いに売上高を競い合い、善太郎も専務、常務も外勤に精力を注いだ。

社長の代理として振る舞う

「杉本、お前、社外に出たら、わしの代理やと思えよ」と善太郎によくいわれた。そのころ仕入れ先では目立つ存在のジュジュ化粧

昭和30年10月に東京のジュジュ化粧品研修会に参加。
周囲はベテランばかり

品（東京）の研修会に参加、現地で名刺交換すると、周りは中年のベテランばかり。大阪のエビスはぶらし全国代理店会に社長名代で参加した時は、20歳そこそこの若者が床の間を背に座らされた。あれやこれやで清壽は次第に自信を深め、できるなら佐賀村商会の専務には昇りつめたいと、野心を募らせた。

一方で、上がり続ける給料を、決して無駄遣いすることはなかった。これといった趣味もなく、酒、女、バクチに手を染めず、給料の大半を貯金に回した。妹が結婚した時、祝儀として貯金から40、50万円を下ろした。また、自分の将来に生きる投資だと判断すると、惜しまず金を使った。

社長から株券を買う

こんなこともあった。あるお得意さんに商談の折、清壽は唐突に「私に佐賀村商会の株を売ってもらえませんか」と切り出した。

「おいおい今、何とおっしゃった。御社の株を社員のあんたが買いたいというのかい。どういう意味なんかな」

「いや、もしよろしければということです。私は佐賀村商会の将来性に投資したいと考えているんです。すみませんでした。このことは社長には内緒にしておいてください」

当時、佐賀村商会の株式には配当が2割付いた。何の事はない、清壽は蓄財の有効な手段として自社株式の保有を思い立ったのである。

後日、善太郎に呼ばれた。

「お前はうちの株式を買いたいとあの御方

自転車が好きだった清壽。近くへはママチャリで、遠くには手前の社有実用車で＝金沢市彦三五番丁

に言ったそうじゃないか。そんなにほしいがか。ほんなら、わしから買えや」

社長の目はやさしくほほえんでおり、清壽は元気よく答えた。

「はい、ではお願いします」。額面で1万5千円を譲り受けた。普通なら従業員の分際で、雇用されている会社の株を買いたいなどと言えば、まず何かを企んでいると疑われる。ましてや社長であれば「君は一体、何を考えているんだ」と問い質《ただ》すであろう。ところが善太郎は清壽の意図を見抜いており、そんな鷹揚《おうよう》な物言いとなったようだ。

勤勉と現ナマ志向

清壽の勤勉さと現ナマ志向、負けず嫌いは一体、どこからくるものなのか。生い立ちにあるのではなかろうか。10人兄弟姉妹の男5人兄弟の末っ子、中卒ゆえの自《みずか》らを恃《たの》むしかない身上、ここにあるとしか思えない。父清三郎の還暦祝いで里帰りした際も母初枝から、「清《せい》ちゃん、あんまり調子に乗り過ぎぎんようにね」とたしなめられた。

常にハングリーで、持ち前の勤勉さで働けば会社の売上が増える、そうすると給料があがる。しかし、このキャラクターや立ち回りは時として、同僚あるいは先輩、上司のねたみを買う。佐賀村商会でもそうだった。

善太郎の養子の副社長もその一人であったろうか。若い頃は競い合って売上を伸ばす間柄であったが、後年、暗転した。とにかく、清壽のやること、なすことお気に召さず煙《けむ》たいようで、何かというと衝突した。

還暦を迎えた父清三郎（左）と母初枝
＝富山県城端町金戸

副社長と衝突、退社

そんなある日、清壽と副社長、それに専務と居酒屋で飲んだ。会社や経営をめぐり色々話していた折、副社長が突然、気色《けしき》ばんだ。

「何や、その言いぐさは。お前みたいもん、わが社はいらんぞ」

その場で専務が仲裁に入ったが、青ざめた副社長は一層激昂し、

「いや、あんたはいいんや、わしは杉本が許せん」

清壽は即答した。「分かりました。私、退社させていただきます」

覆水盆《ふくすいぼん》に返らず。

翌日、辞表を出すと、善太郎に呼ばれた。今までみたことのない表情だ。

「どいや杉本、誰に辞めろと言われたんや」

「社長、すみません。私が余計なことを言ったからです。お許しください。

どうか、辞めさせてください」

社長との別れ、涙止まらず

善太郎は、清壽の性格を知り尽くしていた。追って社長室に清壽を呼び、

「お前には本当に世話になったな。杉本、お前が余計に集金した分を返すわ。よく稼いでくれた。ありがとう。これ持って行ってくれ」

金庫を開けて、現金をくれた。4万5千円。株式を買った1万5千円の3倍である。愛の「退職金」に涙が止まらなかった。

にわかづくりのソフトボールチームが試合で敗けての帰途。右端は清壽、距離を置いて奥に続く左から3人目のめがねを掛けた背広姿が副社長＝金沢市彦三町

金沢市小立野3丁目の菩提寺聞敬寺にある生涯の恩人善太郎の墓には、盆がくるたび赴《おもむ》く。このお参りを欠かしたことがない。

積極販売に身乗り出す

さて、佐賀村商会で清壽は、後年、花開く営業力、企画力に磨きを掛ける機会を重ねた。

「おい、そろそろ『積極販売』してこいや。あすはどこ回るんや」

善太郎社長のツルの一声を営業マンたちは待ち望み、この一声でどの営業マンも腕《うで》

毎夏、善太郎の墓への参詣は欠かしたことがない＝金沢市小立野3丁目の聞敬寺

撫《ぶ》した。積極販売というのは善太郎独特の表現で、清壽流に言えば「押し売り」である。無論、法に触れる商法ではない。「押し」という言葉を「推し」に変えた方がいいだろう。清壽は積極販売を得意とした。

佐賀村流の積極販売は男性社員2～3人、女性社員2～3人ほどでワンチームとなり、軽トラックに女性用化粧品などを満載する。前もって、奥能登や中能登の集落に触れ込んでおき、乗りつける。昼食の片づけが終わり夕食の支度に入る前の午後2時から4時が勝負時だ。

「金沢からやってまいりました！毎度、化粧品販売の佐賀村商会でーす。

羽咋から高浜方面の「積極販売」で副社長（右端）らと軽トラックの前で

いつもありがとうございます」と拡声器で呼びかける。これが格段の効果を発揮する。奥能登の妙齢女性、主婦には、都会から最新の化粧品が運ばれてきたとなる。集落の外れにトラックを止めると、女性たちが押し寄せる。

「杉本でございます。きょうは今をときめく南蛮《なんばん》化粧品のクリームを積んでまいりました」

リーゼント髪でモテる

リーゼント髪の杉本が言うと、わあわあ、きゃあきゃあとスター登場みたいな歓迎ぶり。「どれけ、どれけ」「これが南蛮クリームなのきゃ」「ちょっこし使うてみっか」。どんどん手が伸びてくる。その場で現金回収しないのも商い

71 「南蛮クリーム」という化粧品の宣伝隊一行

「積極販売」で成果を上げた後、仲間とおにぎりをほおばる後列左が清壽＝能登の松林

のコツだった。女性相談員がその場で使用法などを丁寧に解説するのも、評判が評判を呼んだ。

意気揚々と帰る道すがら、松林でチーム全員が戦果を称え、おむすびを頬張った。「杉本さんて本当にモテるんですね」

「いや、ほんなこともないちゃ」

と照れながらも清壽は悪い気はしなかった。

そして、どんな雰囲気が女性に好感を持たれるのか、どんな表情が母性本能をくすぐるのか、数を重ねては体得した。

営業マンと一心同体の女性相談員にももてた。佐賀村社長からは「おい杉本、内輪の女の子に手出ししたら駄

「積極販売」の後、女性相談員と海辺でツーショット
＝羽咋郡富来町

目やぞ」とやんわり制止されてもしょせんこの世は男と女、現地で一仕事終えた後はついハメを外したくなる。もちろん、一線を越えることはなかった。

有名歌手イベント大好評

一方、消費都市金沢で佐賀村商会は、販売促進の様々なイベントに取り組んだ。例えば、第1回NHK紅白歌合戦(昭和26年1月3日)にトップバッターとして出場し代表曲「月がとっても青いから」で知られた、人気女性歌手菅原都々子《つづ》を招いたモナ化粧品の「歌と美容のつどい」。会場が満員となり、大盛況となった。戦前から戦後にかけて活躍した歌手の霧島《きりしま》昇《のぼる》や松島詩子《うた》を招いての、販促の集いも予期した以上に好評を博した。

これらから学んだのは町では「人寄せタレント」を招いての販売会、田舎では集落ごとに販促カーで訪れ、着実に売り上げを挙げていく戦略だった。

一献傾けて興に乗ると十八番の麦屋節披露

持ち前の愛嬌を発揮

それと清壽は、社内外での懇親の場を大切にした。酒は弱い方ではなかったが、限度を超えるような飲み方はしない。持ち前の愛嬌で周りを楽しくさせるのだ。例えば興に乗るとふるさとの民謡・麦屋節《むぎやぶし》、島根の民謡・安来《やすぎ》節のドジョウすくいなどを即興で披露した。根《ね》っからサービス精神が旺盛なのである。いつのまにか芸は身を助けることを覚え、これを実践してきた。

そして、いったん友達となったら喜怒哀楽をともにする。何かといって喜びを表現するには同性でも抱擁し、肩を抱き、握手して仲を深めた。これらが有形無形に、後の清壽を助けてくれた。

慰安旅行先で昼酒に酔い男同士チークダンス

【第3章】人生の伴侶《はんりょ》に出会う

働き盛りの頃の清壽（右）と妻志眞子＝観光先の山で

良縁ももたらした勤め先

生涯の恩人、善太郎と出会った佐賀村商会は
また、人生の伴侶《はんりょ》と巡り合う良縁をもたらした。
川向志眞子《かわむこしまこ》。清壽より6歳若い。旧松任町
(現・白山市)小上町《こがみまち》の農家に生まれた。

清壽退社のきっかけをつくった佐賀村商会副社長が起こした、化粧品販売の代理店子会社に販売員として勤めていた。何という因縁か。

副社長と不仲となって佐賀村商会を辞める直前、清壽はもっぱら口能登の羽咋、高浜から、奥能登の門前を経て輪島、珠洲に至る外浦沿い、あるいは志雄、鹿島から中

白山市小上町の現在の風景。右方に国道８号

島、七尾を経て穴水、小木に至る内浦沿いをたどるルートセールスで、社の売上増に貢献。相変わらず元気いっぱい、出張で存在感を高めるのに生き甲斐を見出していた。

昭和35年の夏だった。内浦ルートのセールスを終え、国鉄七尾線穴水駅の待合室で清壽は志眞子に声をかけた。

「あんた、もしかして金沢の佐賀村商会にお勤めでないがけ」

「そうです。分かりましたか」

「やっぱり。そうかなと思っていたんや」

実は、清壽はその日までに何回か、穴水駅で志眞子を見かけていた。小柄だが、面立《おもだ》ちはこじんまりと整い、口元にシンが強そうな印象があった。持っているバッグが佐賀村商会の子会社の見本商品を入れるそれで、確か金沢でも、ちょっと見の記憶があった。

その時、志眞子は思い切って言った。

「杉本さんを知っていた」

「私、杉本さんを知っていました。親会社の佐賀村商会でも有名な方ですから」

心なしか、白の半袖シャツの志眞子の頬が赤らんでいるように感じた清壽は

「そうか。わしを知っとられたんか。ちょっと、お話ししてもいいか」

と、待合室のベンチに腰掛けたのが、二人を結ぶ最初の出会いであった。清壽も志眞子も、このシーンが前にあったような既視感で一致し

「女子力」に負うところが大きかった佐賀村商会の化粧品販売代理店の能登での講習会

たというから、それこそ目には見えない赤い糸で結ばれていたのかも知れない。その後、何度か金沢市内でデートした。清壽は、善太郎社長の信任を得て順風満帆、脂が乗っていたから
「わしは、佐賀村の専務になろうと考えている。この会社に懸けているんや」と意気揚々と語り、志眞子は「杉本さん、どうしてそんなに売れるんですか。売り方のコツを教えてください」、「努力すれば報われますかね」などとひたむきで、前向きな仕事への姿勢を見せた。志眞子は松任の農家で生まれ育ったので、一生懸命働くのが喜びだと、うれしいことを言ってくれる。笑うと目尻が下がり、愛嬌があった。

志眞子に暗い影

ただ、志眞子にはどこか暗い影があった。何故なのか。それは志眞子自身

の告白で解けた。

「私、実は松任の川向家に母の連れ子として入ったんです」

経緯はこうである。志眞子の母は松任市(現・白山市)小上町の高野家に嫁ぎ、志眞子を産んだが若くして離婚、同じく松任の海辺に近い相《そう》川町《ごまち》の農家、川向家に再び嫁いだ。再婚先も二度目で志眞子より年上の女の子が一人いた。再婚後、母は二男一女を産む。小さい頃、川向の父になかなか懐かず疎《うと》んじられたのを志眞子自身、覚えている。そして、義務教育が終わるとすぐ実社会に出た。

「複雑やろ。私、いらん子やったんやわ。中

白山市相川町の現在の風景。白山連峰が遠望できる

卒で就職したがや」

二人の幼少期は酷似

ここまで黙って聴いていた清壽が何回もうなずいた末、切り出した。

「わしと似とるなぁ。わしも中卒の就職組や。そして、ばあちゃんから、いらん子やから金沢に仕事を探しにいけと言われた」

今度は志眞子がうなずき始めた。二人は、幼少期の境遇の酷似に、えもいわれぬ親近感を抱いた。

「私の兄ちゃんみたい」

「あんたこそ妹みたいや」

清壽26歳、志眞子19歳であった。

結婚は清壽が切り出した。志眞子は
「はい、私で良ければ。お願いします」

―何といい人なんや。この人となら一生うまくやっていける―

だが、清壽は悩んだ。佐賀村商会の副社長と何かにつけては衝突し、退社するかも知れないとの不安が頭をもたげていたからである。ここで、二人の仲を善太郎に打ち明けても決していいことはないだろう。清壽も志眞子も祝福されるどころか、ともに退社に追い込まれ、破綻《はたん》の憂き目を見るに違いない。隠し通すことにした。

人生の勝負時

――よし、しばらく様子をみよう。人生の大事な勝負時や――

もちろん、志眞子にも口止めを頼んだ。志眞子は心得たもので、社内で清壽と付き合っていることは、おくびにも出さなかった。後に同僚たちが二人の仲を知り、「全くそんな様子がなかった」と驚きの声ばかりだったのがその証左であろう。

叔父の中山が仲人に

清壽の母・初枝

プロポーズするや清壽は日を置かず、富山県城端町の実家へ報告に帰った。母の初枝がじっくり話を聞いた上で忠告した。

「清壽、いい縁談やがいね。これは一人で進めたら駄目や。また、就職でお世話になった中山のおじさん(勝太郎)に仲人《なこうど》になってもろうまっし。全てうまく行くさかい」

結婚話と相前後して清壽は佐賀村商会に退社の意思を伝えると、身元保証人となっていた中山勝太郎に呼ばれた。

「おいおい、せっかくなじんだ佐賀村さんを辞めるんか。お前なかなか評判いいがやぞ。もうちょっこ辛抱《しんぼう》してみんか」

「いや、おじさん、わしもう決めたがや。新しい仕事はわしが見つけるからあんまり心配せんといて」

川向家にも報告

その中山勝太郎と知人の高橋喜悦が仲人《なこうど》となって川向家に足を運び、婚約

を促した。追って清壽も川向家を訪れ家主を前に正座して頭を下げ、「お嬢さんを嫁にください」と懇願した。川向氏と志眞子の母は「こちらこそ、お世話になります」と声をそろえ、「至らん娘ですけどよろしくお願いします」と結んだ。

清壽は熱いものが込み上げてくるのを感じた。

ところで佐賀村商会を退社したはいいが、20代後半に入った清壽の肩にいきなり重い課題が二つも、のしかかった。一つは新しい職探し。いま一つは妻と生活する新居であった。

北鉄バスの運転士を
始めた頃の制服姿の
清壽(右)＝金沢駅前

北鉄バスの運転士に

ここで清壽は真骨頂を発揮する。

新しい職は北陸鉄道のバス運転士だった。入社したのは昭和36年7月1日、佐賀村商会を退社してから1年1カ月を経ての再就職だった。実は、清壽は佐賀村商会時代に、布石を打っていたのである。昔から一つのことに打ち込みながら、さらに何か、次の稼ぎの手段をつかもうとする。ある程度満足しても、決して現状に安住せず起業に挑む。佐賀村商会時代の後半は、副業に励む一方、しっかりバス運転士に必要な二種免許を取得していた。

二種免許を引っ提げ面接に臨んだ結果、すぐに採用が決まった。見習いも何もない。いきなり城下町金沢の東南部を44分でひと回りする循環バスの運転ルートを任された。運転にはかなり自信があったが、天神橋脇のバス1台がぎりぎり通れる狭い道にはいささか難儀した。しかし、慣れるにつれ、逆に自分だからこそ、ここが与えられたとむしろ前向きに「職をいただいた」と考えるようになる。

北鉄に入社して間もなくの昭和37年10月22日。結婚式を挙げた。式場は本多町3丁目の、現在、県社会福祉会館辺りにあった県婦人会館。杉本・川向両家の親戚など約20人ばかりが出席して、二人の前途を祝してくれた。会場使用料など一式で2万5千円、つつましい門出だった。

新婚旅行は湯涌温泉

新婚旅行は金沢近郊の湯涌温泉。旅館に泊まった。清壽も志眞子も初婚で、婚礼前に購入した一軒家で新婚生活がスタートした。実に手回しのいいことである。40坪ほどの一戸建て平屋は価格95万円だった。それまでの蓄えや退職金などを充てても75万円しかない。残る20万円は地元金融機関から借り入れすることにした。そこで清壽は

「おい、志眞子、わしゃ、タクシーも

老舗旅館が軒を連ねる町並み＝金沢市湯涌町

運転するからな」

「あんた、体は大丈夫なんか。だいたい会社（北鉄）が認めてくれるがか」

「ちゃんと段取り考えておるがやちゃ。どもないわい」

二足のわらじを履く

北鉄運転士とタクシー運転手の、二足のわらじを履くのだという。タクシー車両を個人で借りた。北鉄運転士は3日か5日に一度、休みがくるローテーション。その休みとバス運転の時間外はタクシーで市内を流した。1日5時間も寝たかどうか。頑健な体あっての新婚生活だった。金融機関との返済計画5年をわずか10カ月で完済したという。

「今から思うとだいぶん無茶をしたな。ほんでも気合いが入っとったし、働いて稼ぐのが楽しみやった」。清壽88歳にしての述懐である。

結婚翌年、長女が誕生

結婚翌年の昭和38年9月3日、長女の裕子が誕生。職場にかかった電話で産院に駆けつけた清壽に、ベッドに横たわる志眞子は穏やかな表情で

「あんた、女の子やったわ。ごめんね」

「なあん、なあん。ご苦労さん。大変やったな。ありがとう」

元気に産声を上げる赤ん坊を確認すると、まもなく清壽は職場に戻っていった。

この3年後の昭和41年9月26日には長男健一、その4年後の同46年12月11

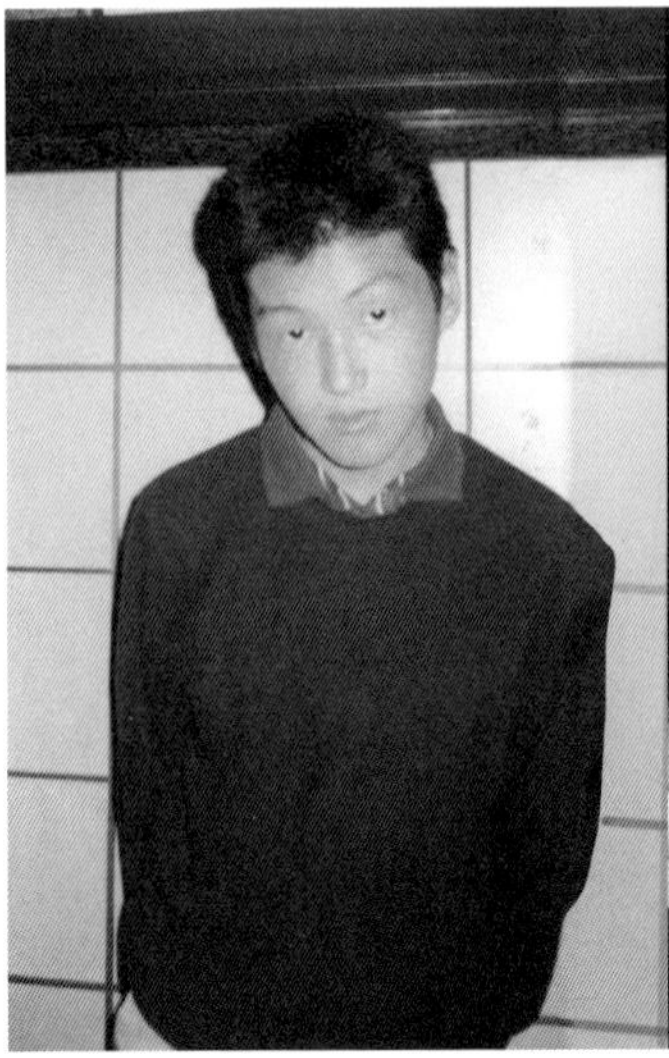

少年時代の長男健一

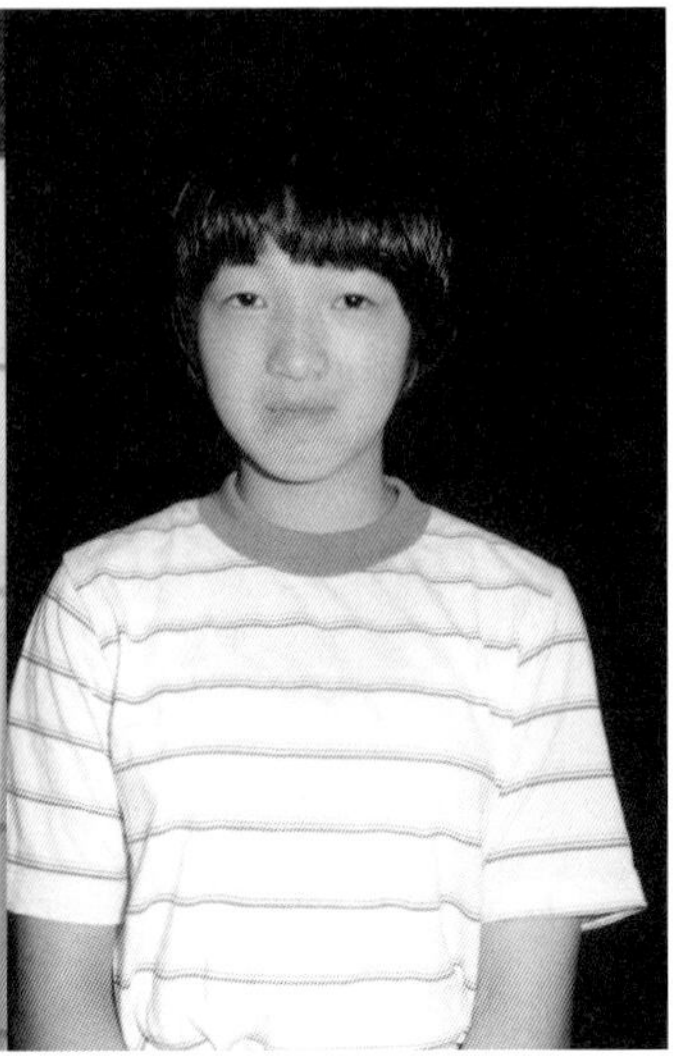

少女時代の長女裕子

には次女恵子が生まれる。子どもが次々生まれるのに呼応するかのように、清壽はまた真骨頂を発揮する。

持ち家にこだわり

それは自宅の相次ぐ移転であった。

清壽は佐賀村商会では会社に住み込み、その後、長町の武家屋敷の一角で旧家に下宿住まいしたほかは、持ち家にこだわった。富山県人は持ち家志向が全国きって高いといわれるが、そんな意味で清壽は典型的な富山県人だった。

人さまの家の間借りではどうも落ち着かない、というより、好きになれなかった。だから新婚生活を機に初めて持ったのが前述した天神町の新居である。売家で95万円。手元のカネをかき集めたが20万円足りず、これは銀行か

金沢市本多町1丁目(旧手木町)の旧宅があった付近

金沢市神宮寺1丁目の旧宅があった一角。道を隔てて向こうは(株)金沢花市場

ら借り入れた。ただ、清壽のすごいところは、この20万円を10カ月で返済した甲斐性《かいしょう》だ。北鉄バス運転士を務めつつ、プロパンガス販売やタクシー運転手などのアルバイトを日に夜を継いでこなしていたというから、すさまじいと言うほかない。しかし、新婚早々持った小立野台地の傾斜地下の家では日当たり、通風性ともに、自分には向かないと直感、2年後に手放した。

次に移ったのは昭和40年、旧手木町《てこのまち》(現・本多町1丁目)。住宅が密集した城下町金沢らしい場所である。135万円をかけて2階建ての一軒家を新築する。木の香もゆかしい新築ながら、30坪があるかないか。閑静な環境で気に入ったのだが、家の広さに難ありと、やむなく手放した。

神宮寺では働きづめ

翌年、長男健一が生まれる。そして昭和43年には市内北部の神宮寺町の2階建て一軒家を170万円で買った。ここでは、家族は5人になり、清壽も志眞子もありとあらゆる商売を手掛け、働きに働いた。家族が増え、事業運営にとっても手狭となったため、56年には神宮寺町から小坂町北の一軒家を買い求め移った。しかし、ここは新事業の頓挫《とんざ》に伴い手放した。その後、平成元年には粟ケ崎の借家住まい、これはがっぷりした100坪はある一軒家である。家賃は月5万円だった。

事業に余裕ができて、現在の白山市山島台には平成5年、新築して転居、これが終《つい》の棲家《すみか》だと考えている。

移転で発見や刺激

何とも目まぐるしい住居歴だが、ここにも清壽の人生観が反映されているようだ。仕事と休息の程良いバランスが住居観の根底にあり、例えば神宮寺町では道を挟んで向かいに金沢花市場があり、北鉄バス運転士を務める傍ら、副業の生花、牛乳、パン、缶詰、はては灯油の販売に都合が良いから、というのが理由なのである。それにしても移転が多過ぎないか。

「わしはなんも多いとは思っとらなんだ。むしろ、転居先ではそのつど、新しい発見や刺激があって楽しんだんや」

「だんなは根っからの『旅の人』なんやね。結婚して、しばらくしてそう思うたわ。私としては、そんなに苦労でもなかった」

こう話す志眞子も、清壽とともにアルバイトに励んだ。生活の足しになるのならと甲斐甲斐《かいがい》しく働いた。

絨毯《じゅうたん》掃除の新鋭機

神宮寺町に住んでいた時、金沢花市場横の空き地で、絨毯の清掃をしていた。もちろん、これもいい収入になる。顧客から預かった絨毯を空き地に広げ、初めのうちは洗剤を用いて手作業で行っていたが、労働効率が悪いのと、仕上がりにどうしても臭いが残る。そ

導入に踏み切った気泡式絨毯清掃機

のうち、新鋭機の存在を知った。気泡が絨毯の繊維に浸み込み汚れを除去するとともに、臭いもスッキリとれ、絨毯自体が縮まずに仕上がるものだ。神戸市に本社があるT社から、金沢で代理店を務める前沢紀夫を通じ150万円で購入した。この資金も地元金融機関から借り入れた。

北鉄を退社へ

ちょうどその頃、清壽は北鉄の運転士の職務に、「いつまでもこの仕事でない」との思いを持ち始めていた。来年は40歳。そこで上司に相談した。

「私、入社してお陰様で10年を過ぎました。できれば北鉄交通社に転勤させていただきたいのですが」

いわゆる観光バスの添乗員を希望した清壽に、上司は浮かぬ顔で

「いやあ、杉本さん、あんた高校も出とらんさかい、今の運転士のままの

方がいいと思うぞ。ハンドルさばきが会社に買われとるがいね。一応、上に言うてみるけど、どうかなあ。まあ、家にいっぺん帰って奥さんと相談してみてはどうや」

やんわり、かわされたとみた清壽が帰宅して志眞子に聞くと案の定、「あんたの好きなようにしまっし」。こう言って微笑《ほほえ》んだ。

これで踏ん切りがついた。翌日、辞表を提出。上司は驚いて、「そうか、奥さんも賛成なんか。辞めん方がいいがな」

「どうしてもなんか」と念を押され、

知人と談笑する北鉄時代の清壽。後ろを北鉄バスが行く
＝金沢市内

清壽は

「頼むこっちゃ、辞めさせてください」。ひたすら頭を下げた。

退職の日は昭和48年2月28日と決まった。昭和37年7月の入社から北鉄には11年半、在籍した。不惑の40歳まで、あと1年余りであった。

個人商店を起こす

ここでも清壽は直ちに次なる構想を実行に移した。長年、温めてきた独立である。布石は打っていた。例の気泡式絨毯清掃機だ。

「志眞子、わしゃ小さいけど事業を始めることにした。お前、ついてきてくれるか」

「あんたのすることにずっとついてきたがいね。今後も一緒や。がんばろう」

清壽は志眞子の健気《けなげ》な物言いに感じ入って、涙ぐんだ。

夫婦で営む個人商店からの出発だった。事業内容は清掃全般。商店の名は、気泡式絨毯清掃機の商品名「ジュータンシャンプーマシーン」を製造していた米国のメーカー「アドバンス・カンパニー」にちなんで、「アドバンス北陸サービス」とした。創業は、北鉄を退職したのと同じ昭和48年2月28日である。アドバンスは、清掃機を紹介してくれた前沢紀夫によると、英語で「前進」を意味する。ちなみに前沢紀夫は現在、金沢に本社があるモデルエージェンシー「アドバンス社」の会長である。

北陸三県を商圏に

夫婦で相談して、いずれ会社にして北陸三県で商売するからと「北陸」を付した。始めは営業で、人づてに絨毯を持つような富裕層に当たったが、これがなかなか大変。営業し、絨毯を預かり、清掃して、納品する。個人ばかりでなく企業をも対象に、苦労に苦労を重ねた。

しばらくして、ある会社の幹部が夫婦を訪ねて来た。

「杉本さん、あんたら夫婦は実に働き者や。実はね、ご夫婦にピッタリのいい商売があるんや。地道に働けば間違いなく利益になる」

「ほう、どんな仕事ですか。あんまり難しい仕事ではないんやろね」

「何も難しくない。ちょっと説明させてください」

ある人を介して訪問してきたのだが、自分たちを働き者夫婦と言って持ち掛けて来た話に、清壽も志眞子も顔を見合わせ、耳を傾けた。

マットや掃除用具レンタル

それは、マットや清掃具をレンタルして商圏を広げていくシステムだった。石川県外の本社の下で全国展開し、成長を見込んで本社からマットや掃除用具などレンタル用品を借り受け、ホテルなど取引先をどんどん増やしていくと好循環となって、本社もフランチャイズの加盟店も儲かる仕組みだという。

ただ、うまい話には裏もある。というより、儲けを保証するのは資金力と販売力であった。アドバンス北陸サービスという個人商店としての船出であったから当然、資金力には限界がある。しかし、前進(アドバンス)の意欲は満々。地元金融機関から運転資金を借りての出発となった。ただ、代表者の杉本夫婦以外の社員は4人ほど。昭和54年、N社と提携、代理店となってマット類のレンタルに乗り出した。バリバリの営業マンなど、もちろんいない。清壽はそれでもまだ若かった。馬力があった。ルートセールスに、飛び込み営業と働きづめに働いた。

三県11営業所のトップ

結果として、いっとき、北陸三県の11営業所で売上高トップの栄誉に輝いた。

勢いを得て昭和63年4月19日、個人商店から株式会社アドバンス北陸サービスに看板替え、資本金700万円、株主は8個人1法人で晴れて法人となった。

「おーい、志眞子、頑張った甲斐あったぞ。ご褒美《ほうび》の招待旅行、一緒にいこうな」

「あんた、頑張るがもいいけど、体を

売上高トップの栄誉に輝きハワイ旅行に招待された（左から）志眞子と清壽＝ハワイの空港（昭和63年6月）

壊したら元も子もないぞ。ほれから、あんまり目立つと妬みで足を引っ張られるさかい、ほどほどにしまっしや」

そんな心配もどこ吹く風。清壽はくだんのマットのお得意先の開拓に懸命であった。

好事魔多し。ある時、志眞子が珍しく真顔で「ちょっといいけ」

「あんた、今の商売大丈夫かいね。だんだん、心配になってきた」

在庫管理の帳簿をひろげて

「これ見てみまっし。お得意さんからのマット洗いの注文がだんだん減ってきて在庫が増えとるやろ。仕事が回らんようになってきたがでないがか」

赤字経営の悪循環

確かにこのところの在庫は尋常でなかった。この商売の仕組みは、わかりやすく言うと、一つの顧客先に、マットが３枚いる。１枚は事前在庫、もう１枚は回収済で清掃中、そしてもう１枚は現在使用中。３枚がうまく回転していかないと停滞し、在庫がたまり出して保証金がかさみ経費オーバーになる。要は程度の問題だ。多少、在庫があっても数をこなしていけば、つまりスケールメリットで右肩上がりの売上高実績を続けていける。

しかし、逆に顧客開拓が滞り出すと、在庫超過、売上減、保証金増、実収目減りをたどって資金ショート、赤字経営の悪循環となる。

そういえば、先日、管理会社の営業マンが

「杉本さん、最近、どうしたんですか。トップセールスやった人が新規開拓さっぱりやし、お得意からの注文も止まってるところが目立ちますなあ」

「すみません。一生懸命やっとるんですが。少し時間ほしいげんけど」

「うーん、というより、具体的にこの先どうしますか」

若い営業マンから、やんわりと突っ込まれて、ただただ平身低頭するばかり。あげくに

「杉本さん、あなた、損益分岐点ってご存知なんですよね」

損益分岐点――。もう何度となく聞かされてきた。「アドバンス北陸サービスの損益分岐点は月販1200万円です」。この一言が耳にこびりついている。自転車操業と言われても仕方がないが、持ち前のやる気、根気、負けん気でひたすらペダルをこいできたが、追いつかない。あげくに損益分岐点を下回る月販の、これで何カ月続いて来たか。

がけっぷちに立ち決断

わし一人で頑張っても焼け石に水――。

よし！決めた。自主整理や。

久しぶりの「よし！」は、法的倒産間近のがけっぷちに立たされた清壽の起業家人生の、まさに分水嶺となった。親会社に販売権と在庫品を返して代理店契約を解除、従業員といっても数人の臨時職員に暇を出し、小坂の自宅を抵当にして借入残高6千万円の返済に追われた。いわゆる自主整理をしたのである。

人の優しさ身にしみる

この危機に手を貸してくれたのは実妹の夫で地元金融機関に勤めていた。八方手を尽くして1千万円の借り入れを可能にした。また、取引先の会社が3千万円で販売権、在庫品を買ってくれた。小坂の家も懇意にしていた人の仲介で1千万円で売れた。実家を守るおいの清も多額の金を貸してくれた。

この時ほど人の優しさ、有り難さを身にしみて感じたことはない。

【第4章】個人商店つまずき法人化

父から真夜中に電話

清壽の長男健一は平成元年2月26日、父から電話を受けた。夜もだいぶん更けた時刻だった。

「父さん何やこんな遅くに、どうしたん」

「ごめん、本当に急な話やけど、あすにでも金沢に帰ってきてくれんか」

「えぇ?そりゃ無茶や。今、何時やと思うとるん。何があったん。電話で言うてもらえんが」

「電話では話せんことなんや。頼んちゃ、早く帰ってきて」

こんな電話は初めてである。そのころ、健一は東京のある会社でサラリーマンをしていた。――親元で何か大変なことがあったに違いない。こう思うと寝床に入っても、まんじりともせず夜明けを待った。翌日、会社の上司にしばらく休職する旨を告げ、上野駅から金沢行きの夜行列車に乗った。

ただごとでない

２月28日早朝、金沢・小坂町の自宅。いつもと様子が違う。ダンプが家の前に横付けされ、家財を男たちが荷台に積み込んでいる。これは、ただごとではない。

「あんたら何しとるん」

「いや、わしらは頼まれてここに来とるんや。あんちゃんは誰や」

「このうちのもんや。おやじらはどこ」

「奥におられるよ」

戸が外された玄関に入ると、頭にタオルで鉢巻した清壽が出てきた。

「おう、健一、ご苦労さん。見ての通りや。お前もすまんが手伝ってくれ」

寄り添うように立つ志眞子も
「健ちゃん、ごめんね。後から詳しく話すさかい、今はとにかく手伝うて」

休む間もなく健一は腕まくりして、搬出作業に汗した。すべての搬出を終えると、夕闇が迫っていた。

その夜は親子３人、清壽の叔父中山勝太郎の家族が経営する、市内の会社の寮に泊まらせてもらった。

「健一、すまん。会社をたたむことになったんや。それで担保物件の家はきょうまでで、立ち退くということになって、お前を呼んだがや」

憔悴《しょうすい》の父、目に涙の母

健一の目に、憔悴し切った清壽は少し小さくなったように映った。傍《かたわ》らの母も背を丸くして、目に涙を浮かべてうなずくばかり。清壽によると、個人商店のアドバンス北陸サービスは背伸びをし過ぎて赤字を重ねるようになり、倒産を免れたものの、自主整理せざるを得なくなったという。このため、抵当に入れていた小坂の自宅は手放すはめになったと、告白した。

「父さん、なんでもっと早く言うてくれなんだん。それで、これからどうするんや」

「せっかくここまできたからには、これで終わりというわけにはいかん。健一、頼んこっちゃ、会社再建に手を貸してくれ、頼む」

清壽が手を合わせて、深く頭を下げた。

「ちょっと待って、そんなん、今すぐ言われても困る。考えさせて」

前年、しきりに帰郷促す

思えば昭和63年夏、勤務先の会社の寮に、清壽からしきりに電話がかかっていた。「金沢に帰って一緒に仕事をせんか」との問いかけであった。高校を卒業し東京で就職して4年、ようやく仕事も軌道に乗りつつあった矢先である。「自分は自分で生活していくつもりやし、そっちはそっちでうまくやってよ」と答えるしかなく、清壽の言葉にも切迫感はまったく感じられなかった。しかも経営状態については一言も触れなかった。ただ、年が明けてからは、かなり頻繁に帰省を促す電話がかかり、春までの年度いっぱいで退職したい旨、上司に届けを提出してはいた。

とはいえ、こんなにも早く金沢に帰る日が来るとは思いも寄らなかった。翌日つまり3月1日から、有無を言わさぬ仕事が始まった。会社再建といっても、親子3人以外に社員はいない。自主整理といっても、期日のある、やらねばならない仕事がたくさんあった。

まず手掛けたのは、各債権者の債権放棄承諾書を取ることだった。11社ほどであったが、訪問先ではほとんどイヤな顔をされた。

それに何よりも大きな負荷は約3千万円弱の借金返済だった。身内及びその伝手《つて》から大半を借りたとはいえ、毎月、利息だけでも返済しなければならない。

売上至上主義が原因

健一は清壽から、自主整理の全容を聞いて、驚き、あきれ、腹が立った。しかし、原因はひとえに売上至上主義に走った放漫経営にあったことを知り、新規まき直しに後半生をかける決意をした。

何せ、清壽の事業拡大欲は人並み外れていた。そして、それをほぼ一人で展開していたのが、つまずきの因となったのである。だが、よくしたもので、仕事の多くは清壽の信用に裏打ちされたものだっただけに、取引先も同情を寄せ、契約をそのまま続けてくれた。

人と人の関係はこうでないといかんと、おやじの背中から何度も学んだ。

「あんちゃん、頑張るまっし。うちはずっと仕事してもらうさかい」

「清壽さんと奥さんがおられる限り取引続けるよ」

こんなふうに励ましを受け、何度、涙したことか。

清壽が配達し続けた清掃具が決まった日に届けられないと、先方から心配の電話がかかった。

「奥さんらどうや。具合悪いんか。遅れてもいいけど、配達はしっかり頼んぞ」

甘えてはいけない、うれしい励ましだった。初めの1、2年は朝8時過ぎから家を出て夕方7時過ぎまで、それこそ身を粉にして働いた。働いたら働いただけ、収入は増えた。とはいえ、再建の道は険しく、突発的な仕事が多く、収入は不安定であり、アドバンス北陸サービスの絶頂期のそれとはほど遠いものだった。

法人化した後、比較的、安定した日常清掃業務で初めてもらったのは、神宮寺町にいた頃知り合ったヰセキ農機具販売の事務所の毎日の清掃だった。アドバンス北陸サービス従業員の金子操《みさお》に毎日2〜3時間をかけて、丁寧に清掃してもらったのが評判良く、3年間続いた。

守ってばかりでは、事業は進展しない。ただ、世の中の景気動向は最悪の状況を迎えようとしていた。平成3年から起こったバブル経済の崩壊である。地価も株価も大下落し、日本経済は未曽有の荒波をかぶっていた。

ちょうど借金も少しずつ返しつつあり、取引先も増えてきた矢先である。当然、アドバンス北陸サービスのような清掃・ビルメンテナンスといったサービス業も、中央経済の影響を被り、再建の出鼻をくじかれることになる。

「心配いらんちゃ」

「心配いらんちゃ。わしらのこの仕事はシャバの裏方役や。人間社会があれば必ず、きれいな職場環境を保ちたいとなるし、ホテルなどは快適な空間が売りのお客様商売や。この仕事にバブル経済崩壊は関係ないちゃ」

あまりの自信たっぷりの清壽の物言いに、健一は感心した。確かにアドバンス北陸サービスは不動産業でも金融業でもなく、「きれいな環境づくり」を一手に手掛けてきたのだ。この先、景気が悪くなっても、世の中に必要なサービス業として生き残っていける。健一はこう自分に言い聞かせた。

健一がそのころ清壽から聞かされた言葉で今も脳裏に刻まれているのは

①お客様は絶対で、要望を深く聞き入れ、よく理解し応えねばならない。

②仕事は理論理屈ではない。我々が行った結果をお客様が評価されてこそ会社の信用につながる。故に誠意を以て業務遂行に当たらねばならない。
③一流のお客様に一流社員が一流のサービスを届けるのが使命。などである。

松籟荘《しょうらいそう》から清掃業務

バブル崩壊どこ吹く風と豪語する清壽が、再建に乗り出した翌年の平成2年、営業の手本を示した。加賀市山代温泉の北陸プラザホテル松籟荘の客室清掃業務を請け負ったのである。これは大きかった。なぜなら、松籟荘は当時、メディアとりわけテレビで、頻繁にコマーシャルを打ち、「山代よいとこ松籟荘、浮世美人が背

北陸プラザホテル松籟荘の客室。余裕の空間が魅力だった＝加賀市山代温泉

中を」のキャッチコピーは、60代以上の石川県民なら、覚えている人がいるだろう。当時としては、県内外でよく知られている有名旅館が取引先になったということは、その後の格付けに大きく寄与した。この仕事は、かつてマット清掃事業を請け負った会社の顧客でホテルいづくらの用度課にいた人が松籟荘に移籍し、温泉場の客室清掃業務を初めて請け負ったのである。

山代温泉へ毎日通う

自宅は既に金沢・粟ケ崎に移転していたから、毎朝5時半ごろ家を出て、北陸自動車道を通り、親子3人と金子操とが松籟荘に通った。清壽は自分に対しても、妻と金子らに対してもとても厳しい仕事を課した。それは、客室において初めて泊まった客が満足して頂けるよう清掃を極めるということ。具体的にいえば、畳のへりに埃《ほこり》や汚れはないか、トイレの便器の内側に汚れはないか、徹底的に磨き抜けということであった。1カ月、2カ月と経つうち、館のマネージャーが「本当によくやってくれてありがとう」と満面の笑みで感謝した。

松籟荘はその後なくなったが、当時は「山代温泉の有名旅館」であったのは間違いない。出だしの成果は、のちの仕事に大きな加点となった。

清壽流業務開拓術の一つに松籟荘のような「マン・ツー・マン一本釣り」がある。大切にしてきた人を頼りに「有名どこ」の仕事をもらう方法で、清壽の人となりを知っている人に間に入ってもらい、有名先の仕事をゲットし、誠心誠意サービスに徹して「実績」としていく。

たまたま人間関係で有名先を得るほかに、未訪問先に身を挺して飛び込み、キーマンに直訴して仕事をゲットする「飛び込み一本釣り」もいわばお家芸であった。

卯辰山の峠《とうげ》茶《ぢゃ》屋《や》も

もうひとつ。昭和50年代初めの頃のこと。よくメディアに取り上げられた存在に、金沢市民の憩いの場である卯辰山（標高141メートル）奥にオープンしたレストラン峠茶屋があった。

「峠茶屋とは名前がいいな。はじめの評判で繁盛の先行きが決まるやろ。よし、ここは一番、一本勝負」

こう思い立ったが吉日。晴れた朝、清壽はすぐに実行に移した。しかも大した高さの山ではないのでクルマではなく歩いて登った。

卯辰山の山頂近くの斜面を利用した峠茶屋

卯辰山といえば、佐賀村商会に勤めていた頃、山頂の金沢ヘルスセンターには何度か行った。なかなか見晴らしがいいことは知っていた。はて、どの辺りにあるのやら。山頂近くになると、さすがに汗ばんだ。

「おお、これか。これが峠茶屋か」

傾斜地を利用した階層構造の風格ある建物で、何より市街地を見下ろす景観がいい。駐車場には何台もクルマがとまっており、結構、はやっていそうだった。

「こんにちは。ご主人いらっしゃいますか」

「はい、何でしょう」

応対に出たのは若い「あんちゃん」だった。

名刺を差し出し用件を告げると、

「そうか、掃除屋さんか。で1カ月、いくらでやってくれるんや」

「はい、14万円でどうでしょうか」

あんちゃんは清壽の顔をじろりと見て

「ほんな値段でできるんか。ほんなら、1週間試しにやってみてま。結果を見て採用するかどうか決めます」

「ありがとうございまーす」。清壽は店主の回答ならぬ快答に深々と頭を下げ、喜び勇んで山をおりた。

翌朝から清壽と志眞子、それに年配の女性社員2人の計4人で朝8時に出勤し、3時間の集中勤務で、各階をピカピカに磨き上げた。それに、経営側の社員や従業員には顔を合わせた際に立ち止まり、「おはようございます」と大きな声で挨拶させた。

8日後、峠茶屋の代表から、「試験」の結果を直接会って伝えるので来るように、との電話があった。おっ、これはひょっとすると「合格」でないか、不合格なら電話で済ますだろう、と勝手な想像を膨らませながら、足を運んだ。

「ま、あんたのところで掃除してもらうことにします。ただ、うちは好調な滑り出しをしているので、決して手を抜かないように。何かトラブルを起こしたら解約です」

元気いい挨拶に好感

かなりきついお達しでの取引開始となったが、清壽は、飛び込み営業が実を結んだことが嬉しくて仕方がなかった。縁もゆかりもなかった峠茶屋がアドバンス北陸サービスの清掃を評価してくれたのである。何カ月か後に代表から聞いたところによると、試験期間中の社員の礼儀作法がお気に召したようだ。代表に対してだけでなく、事務員らにも、顔を合わせると、ニコニコっと笑って元気よく「おはようございます」など、しっかり挨拶する勤務姿勢が良かったとの講評をいただいた。

その経営者の下では約3年取引したが、その後引き継いだ新しい経営者は金沢駅前の別院通りで米穀商を営んだ今井某であった。

清壽は実はこの今井商店を知っていた。ほかならぬ佐賀村商会にいた頃、別院通りは1キロも離れておらず、通りに面した旧此花町小学校のすぐ近くに今井商店があった。

それかあらぬか、再契約で今井代表を訪ねると、

「あんた、どこかで見たことがあるなあ。

現在の金沢駅前、別院通りの街並み

駅前の別院通り近くで仕事したことないけ」

「あります、あります。若い頃、佐賀村商会にいました。で、お店も知っていました」

「どいや。あんたは善太郎さんのとこにおったんか。どっかで見たことあると思ったんや」

「はい、佐賀村善太郎社長には本当によくしてもらいました」

「ほんなら話は早い。見積もりはいらんぞ。杉本さん、引き続き清掃をたのん」

後に聞いたところでは、今井代表は尾張町の油類取り扱いの老舗・森忠商店で働いていた佐賀村善太郎と仕事を通じて知り合い、気の置けない間柄であったという。だから、善太郎の信頼の厚かった清壽は頭から信用できるというわけであった。

【第5章】支えてくれた四本柱

「よし、行くぞー」

吉幾三《よしいくぞう》という昭和の歌手がいる。名前の由来は「よし行くぞー」、つまりレッツゴーの意味が込められているそうだ。清壽が逆境に直面した時、不退転を胸に刻む口癖の「よし」は、まさに「よし、行くぞー」であった。

会社を自主整理して再出発した清壽は、それこそ退路を断って営業に励んだ。

昭和から平成に改元された早々、清壽の営業力がどんどん実を結ぶ。金沢市本多町1丁目の石油会社2階に拠点を移してエンジン全開。金沢スカイホテル、手取観光、8番らーめん、ヰセキ北陸、ビッグボウル、ホテルいづくら、加賀屋など長年の得意先に加え、北陸プラザホテル松籟荘、コマツゼネラルサービスなど新規先も開拓したのである。これらは、いずれも、清壽の伝手《つて》から伝手、時には果敢な飛び込み営業が功を奏したものであった。

売上高は右肩上がり

法人化10年の総勘定元帳から売上高を見ると、

第2期(平成元年度)　3000万円
第3期(〃2年度)　5489万円
第4期(〃3年度)　9576万円
第5期(〃4年度)　9996万円
第6期(〃5年度)　9844万円
第7期(〃6年度)1億　76万円
第8期(〃7年度)1億7726万円
第9期(〃8年度)2億　958万円

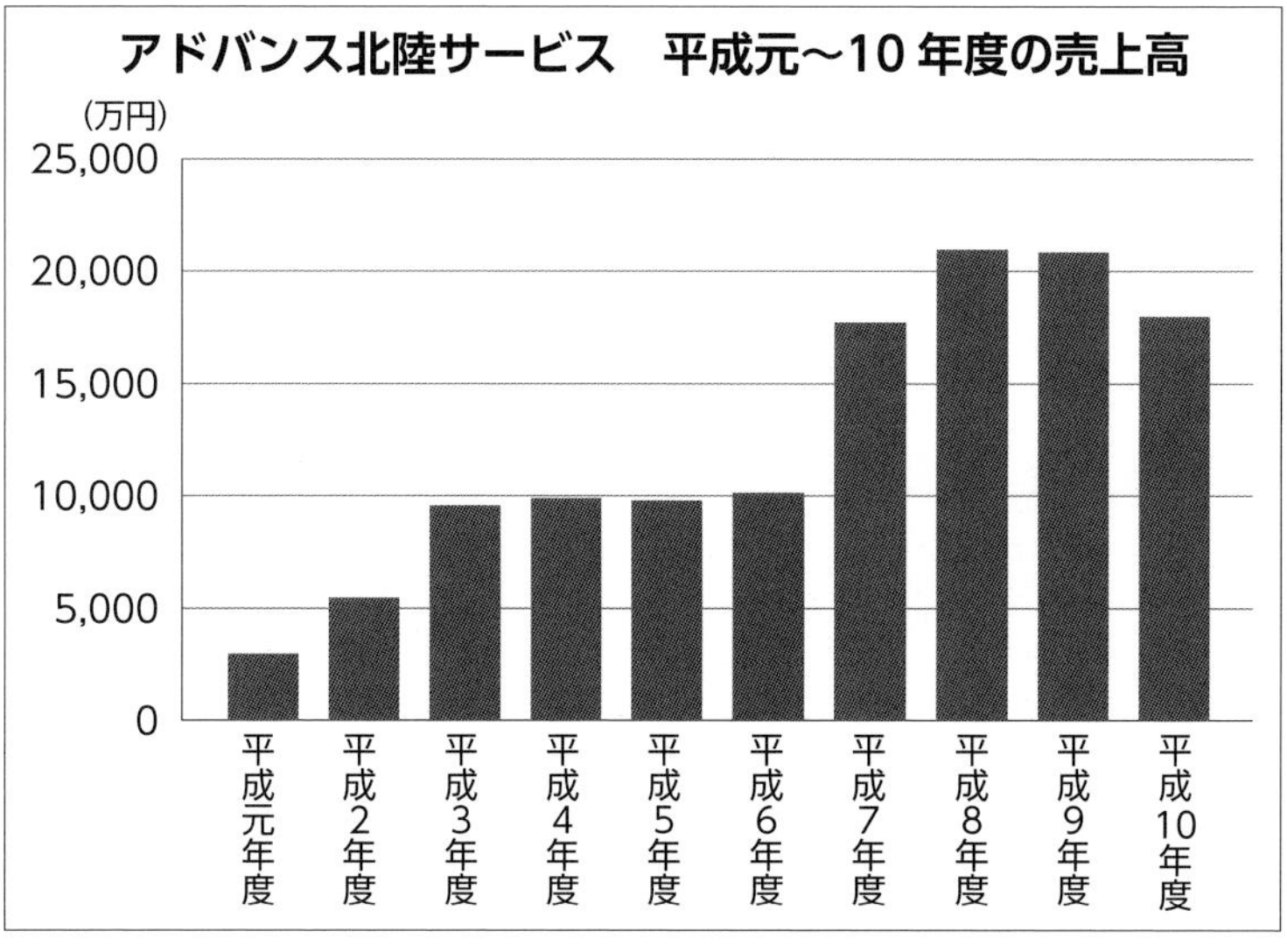

第10期（平成9年度）2億　839万円
第11期（　〃10年度）1億7984万円
出だしの10年間はほぼ右肩上がりで推移している。特にはじめの3年間の上昇は急で、足踏みもあるが第7期には1億円台に乗り、さらに第9期には2億円台に乗せている。なんとも順調な10年間というほかない。この10年プラス5年間で清壽は長男健一に経営のバトンをわたす。
「55歳から70歳にかけての、まあ15年間は、わしの起業家人生にとっての最高の時期やったなあ。株式会社の基盤を築いた」

支柱の筆頭は山本忠男

こう述懐する清壽がアドバンス北陸サービスを支えてくれた「柱」の筆頭に掲げるのが、小松製作所（コマツ）粟津工場にいて後にアドバンス北陸サービスに入社する山本忠男である。

きっかけは昭和61、62年ごろ。小松方面で新規開拓に走り回っていた清壽は小松製作所粟津工場の門をたたいた。総務担当が会ってくれ、清壽のあまりに熱心なセールスに

「わかった。あんたにいい人を紹介するわ」となった。

「ぜひお願いします」と身を乗り出した清壽に引き合わされたのが山本忠男であった。

コマツとの縁結ぶ

山本は当時コマツの本社から、ある事情でコマツ粟津工場の営繕部門の人材の受け皿として機能する小松ゼネラルサービス(略称KGS)という関連会社に出向していた。KGSは粟津工場の床清掃、ワックス掛けや窓ガラスふ

清壽（右端）が知り合ってかなり経ってからの山本忠男（左端）

きなど、主に清掃全般の業務を請け負っていたのである。

山本は、そこの主任的な立場にあると聞いたので、期待して面会を求めた。初対面で、その精悍《せいかん》な面相を頼もしく思った。

「総務担当から紹介にあずかりまして」と切り出すと、

「ほう、あんた、うちの仕事を本気でやる気あるのかい」と来た。

もちろんですよ、と答えると

「よっしゃ、ほんなら一つ、わしの頼みを聞いてもらえるか」

「はい、何なりと」

と言いながら内心、「これはチャンス」と直感した。

「いや実はね、わしはこの会社で色んなことやっていてね。外販であんたの力を借りれるやろか」

赤電話看板の広告主探し

と言って、やおら机の下から取り出したのが、当時の公衆電話である赤電話の所在地に掲げる琺《ほう》瑯《ろう》びき看板だった。横長方形の看板。琺瑯びきの白地に赤字で公衆電話とあり、下にスポンサー名を記した広告看板で、赤電話を置いたところに掲げる。この広告のスポンサーを探してくれないか、と

コマツ粟津工場の全景（平成13年）

いうのである。

「はい、それで何枚ほどお引き受けすればよろしいでしょうか」

「そうか、引き受けてくれますか。１枚５万円のスポンサーを５口頼めますか」

「はい、承知しました。これ、いつまででしょう」

「１カ月ほどで大丈夫かな」

「お安い御用です」と言おうとして飲みこみ、深く頭を下げ踵《きびす》を返した。

公衆電話の琺瑯びき看板。下にスポンサー名を入れた（イメージ）

モノ頼まれたら商機

人にものを頼まれたらそれが商機、というのは清壽が若い頃から体得した商いの鉄則である。喜んで引き受け速やかに果たす。言われた納期は必ず守る。その後、仕事が舞い込む。とにかくスピードが勝負だ。この琺瑯びき看板のスポンサー探しは納期の4分の1の1週間で果たした。

平成元年12月、KGSから初仕事が舞い込んだ。粟津工場の第二厚生棟更衣室のタイル部分を張り替える内容である。張り替え枚数が少なく、最初の請求額はわずかばかり。もちろん山本からの発注である。

清壽が請け負ってすぐに果たした25万円の頼まれごとからすれば、割が合わないのではと、健一から指摘された。

損して得、突破口開く

「これで十分なが。健一、お前、損して得とれという言葉知っとるか。大コマツさんの門が開かれたのが分からんかい」

翌年、ＫＧＳからの請負業務が本格化する。当時、ＫＧＳはコマツ以外での受注拡大を目指しており、山本がアドバンス北陸サービスをＫＧＳの指定店に指名し、ＫＧＳ職員と清壽はその営業に奔走した。これによりコマツ向け建設機械のパーツを製造する小松シヤリング（小松市矢崎町）の日常清掃を獲得した。同年9月には間仕切りメーカーの小松ウオール工業（小松市工業団地）の定期清掃、さらにコマツの社員向け専門学校の床塗装工事も請け負った。今も続いている。

コマツ創業70周年の大仕事

翌平成3年、もっと大きい仕事が来た。小松製作所70周年に合わせて実施された工場の建屋の梁《はり》の清掃と塗装工事である。加えて、工場内の1事業部門の日常清掃も請け負った。正直、労働集約型の会社としては清掃員を確保するのが大変だった。しかし、このチャンスを逃す手はない。健一も清掃員の手配を含め、現場管理にデスクワークに多忙をきわめたが、懸命に汗をかいた。こうしてアドバンス北陸サービスの主舞台は、一気に小松市一円に拡がったのである。平成４年には健一が取締役に昇進、同市大島町の空きビルに小松営業所を置き、小松市の拠点の体制を整えた。

それもこれも、山本によるところが大きかった。平成７年、ＫＧＳを定年退職した山本に、清壽は自社への再就職を打診した。

「山本さん、あんたによってわが社は大きく発展した。本当に感謝してもしすぎることはない。今後はひとつわが社で働いていただけませんか」

「いや、社長、とんでもない。私は社長の実行力と熱意にほだされて、やるべきことをやっただけ。こんな私で良かったら、お役に立てますか」

平成７年、社員として入社したのちも、陰に陽にアドバンス北陸サービスとコマツとの橋渡しに協力した。

コマツには実績を重ねながら請負業務が一段と広がり、今やアドバンス北陸サービスの年商のかなりがコマツ関連である。「美しい環境に美しい製品が生まれる」とするコマツの要請に応えていく方針は今後も変わらない。

第二の支柱は松本一男

山本忠男の次に清壽があげる「第二の支柱」はレストラン「サントス」の社長であった松本一男である。

サントスといえば昭和40〜50年代、旧松任市(現・白山市)田中町の国道8号線沿いの本店はじめ金沢や寺井、津幡などで店舗を展開し、郊外型ファミリーレストランのはしりとして、名をはせていた。

知り合うきっかけは、清壽が佐賀村商会にいた頃、副社長夫人に「うちの

堀割も備えた風格あるたたずまいの
サントス本店
＝旧松任（現・白山）市田中町

弟がサントスにおるがや」と聞いた記憶から。後年、その伝手を手繰《たぐ》ってのサントス訪問だった。佐賀村夫人の弟高桑弘政からその時の専務へと話を継がれ、松本一男社長に会わされた。個人商店アドバンス北陸サービスを開業して間もない頃である。

松本一男は会った途端、オーラとでもいうべき感じるものがあった。錦鯉《にしきごい》のいる庭園の池を背にして貫禄は十分、初対面で松本はこう切り出した。

サントス本店の絨毯《じゅうたん》から

「おう、あんたのことは高桑から聞いた。もっか売り出し中の掃除屋さんなんやてな。ひとつ、うちの本店の掃除を引き受けてくれんか」

「えぇ？　は、はい、ありがとうございます。ぜひ、ぜひ、やらせてくださ
い」

「ま、やってみて。仕事を見させてもらうわ」

いきなり本店の清掃を頼まれるとは、さすがにびっくりした。しかも、絨毯清掃をおおせつかった。例の気泡式絨毯清掃機があるから、お手の物である。ここはひとつ誠心誠意、完璧な仕事をやろう。個人商店なので人手は限られるが、清壽と志眞子、それに気心の知れた1人で、閉店後の夜中に作業をした。清壽は例の、重箱の隅をつつく念入りチェックをした。

一週間も経つか経たないうちに松本は清壽を呼んで目を細め、

「あんた、いい仕事するなぁ」というや、今度は県内各所にある支店の清掃を任された。

すっかりお気に入りに

そのうち松本は清壽がすっかりお気に入りとなっていく。意外なのは、松本がピアノを弾け、しかもこなして奏でることだった。幼少時に習わされ、身に着けたようだ。本店の小ホールで夜半、鍵盤《けんばん》をたたいた松本に「いやぁお上手ですね。すばらしい」と素直にほめ上げたのが、お気に入りの端緒であったか。７歳年下というのも幸いしたのだろう。以降、呼称は呼び捨てとなった。

「おい、杉本、ちょっと、金沢まで運転してくれ」

愛用していたのは高級外車メルセデスベンツ。２種免許を持ち、バス運転士の経験がある清壽だが、モノがモノだけに、さすがに「ビビった」。しかし、その巧みなハンドルさばきが、また気に入られた。

ちゃんとサントス以外の働き口も紹介してくれた。

あえの風の掃除も

「おい、杉本。お前、和倉(温泉)の加賀屋で掃除してみんかい」

当時、「サン加賀屋」と称した現在の加賀屋の姉妹館「あえの風」のロビーや廊下など共用部分の掃除だという。そこの経営幹部と親交のある松本が口利きしてくれたのだ。ここでも、一部の隙《すき》もない仕事をした。

松本は仕事に厳しい一方で、大のゴルフ好きだった。

「今の時代はゴルフができんと駄目やぞ」

「私、ゴルフはやったことないんです」

「わかっとるわい。明日行くからな」

覚えたばかりのゴルフに興じる清壽

その日の夕方、大和デパートから新品のゴルフ用具一式が自宅に届いた。松本が代金を支払ったのだ。翌朝8時スタート、能美市の白山カントリー倶楽部に集合、と有無を言わさぬ強引さであった。

いきなりゴルフ本番

何せ一度もクラブを振ったことがない。それがいきなりグリーンに放り出された。ショットは空振りばかり、ボールに当たってもフェアウエーから大きく外れてラフへ、バンカーへ。パットはパットでホールを大きく外れた。

「杉本、後ろのお客さんがつかえとるがいや。ちょっこずつでいい。まっすぐ打って、お前走れ」

松本は各ホールをほぼパーでまとめて涼しい顔。しかし、次々叱咤《しった》がとんだ。

汗びっしょりでクラブハウスにあがった清壽は結局、パー72の倍以上の150ほどをたたいた。松本は清壽をねぎらうこともなく

「まあ、一の一はほんなもんや。懲《こ》りんとまた、やらんなんぞ」

ただ、清壽はスジが良かった。中学のころ、スポーツ万能だっただけのことはある。次にお供する日が決まるや、事前にゴルフ練習場へ行って、インストラクターから手ほどきを受けた。こうしたところは要領がいい。

静止したボールをまっすぐ、できるだけ遠くに打つコツがわかったのである。2回目からはしくじらなかった。スコアも100ほどにまとめられた。

そのうち、スコアも順調に伸びて、グリーンのお供をするのが楽しくなった。それでいい気になった清壽に、松本はよくマナーについて注意した。

「杉本、お前そんな歩き方しとったら芝を傷めるがいや。シューズの裏を擦《す》るような歩き方はダメや」。その通りであった。

松本のお供をしていると、有名プロゴルファーとの出会いも一再ならず。日本女子オープンで3年連続優勝したプロ樋口《ひぐち》久子や台湾プロ謝敏男《しゃびんなん》らとプレーし、記念写真も残っている。

いずれにしても松本は仕事上の師であり、ゴルフなどの遊びの師でもあった。

プレー後に女子プロの樋口久子(中央)と記念写真。左が松本一男、右が清壽
＝金沢カントリー倶楽部

台湾のプロ謝敏男(左)とのプレー。真ん中が松本、右が清壽(ゴルフ場は定かでない)

第三の支柱は北本廣吉《ひろきち》

そして「第三の支柱」として挙げるのは社会福祉法人北伸福祉会の前理事長の北本廣吉である。

北本との出会いは、清壽の長女裕子の夫豊島正志の「お義父《とう》さん、一度、私のところの理事長に会ってください」が端緒である。正志の実父恒吉は東京の虚弱児施設の理事長を務めたことがあり、北本が奥能登穴水で虚弱児施設を始める前に運営方法などを学んだ経験があるという縁があった。

シベリア抑留を経験

平成3年に金沢市北塚町に開設した「ケアハウスあいびす」で初対面となった。北本は小柄な体から精気を発散させ、立志伝中の人を彷彿《ほうふつ》させる。

「そうか杉本さん、あんた、一から出発して掃除の会社をつくったんか」

北本は、清壽に優しい眼差しで接した。そして、問わず語りに自らの経歴を明らかにした。戦前、金沢西南郊・神野《かみの》の農家に生まれ、尋常高等小学校（現在の小・中学校）を卒業後、満蒙開拓団として中国に渡り、敗戦でシベリア抑留の辛酸《しんさん》を嘗《な》めて帰国、運送業経営を経て社会福祉法人北伸福祉会の理事長を務めているという。

「はい、私も百姓をしとった城端の実

入居者とのふれあいのひと時、利用者と談笑する北本廣吉理事長（当時・中央）。常に入居者の目線で全力投球した＝金沢市岸川町の金沢朱鷺の苑

家では、いらん子で、中学を卒業後金沢に出て、これまで必死に生きてまいりました」

それだけいうと、清壽は思わず目頭にハンカチを当てた。

「杉本さん、うちの施設の掃除してくれんか」

「はい、喜んで。きょうはお仕事を受けられないかとお訪ねしたんです」

「おう、あんやとね。豊島君はよう頑張ってくれとる。ほんなら頼んぞ」

初仕事はガラス窓拭き

最初の仕事は平成6年7月、金沢市岸川町に新築オープンした金沢朱鷺《とき》の苑のガラス窓拭きだった。利用者が高齢者であるだけに、陽光が注ぎ込むガラス窓は大切な存在である。清壽は新品のガラス窓にさらなる磨きを掛けピッカピカにした。北本は苦労人だけに管理は実に細かいが、手を抜かないアドバンス北陸サービスの仕事ぶりにはすぐに合格点を出した。

北本は金沢朱鷺の苑を皮切りに、高齢者福祉・介護施設を次々開設する。翌7年には第二金沢朱鷺の苑（同市上辰巳町）、3年後の10年には中央金沢朱鷺の苑（同市広岡2丁目）を新築オープン。その後も市内各地の空きビルを居抜きで丸ごと買いとり改装し、朱鷺の苑の名の施設をオープンさせ、20カ所近く、金沢を中心に朱鷺の苑グループが高齢者施設の輪を広げた。サービス付き高齢者向け住宅もそうである。

日常清掃を任される

清壽はその大半の清掃業務を請け負った。とはいえ段階を経てである。日常清掃を任されるのが要《かなめ》で、金沢朱鷺の苑は平成18年度、中央朱鷺の苑は19年度、そして第二金沢朱鷺の苑が20年度から始まったのである。清壽は、いつの頃からか毎週土曜日午前9時過ぎ、北本理事長に「ごあいさつ」に行くのを習慣とした。いわば、ご高説を賜る人生勉強である。

人生勉強の語録集

そこで実に多くのことを学んだ。ここにその語録の一端を載せると――

「わしが、お年寄りの方の福祉に何で力を入れとるか、杉本分かるか。戦争で焼け野原となった日本が今日ここまで立派に再建成ったのは、先輩方が若い時分に汗水流して頑張られたからこそや。それに報いんでどうする」

報謝の心をいつも説いていた。

「日本銀行券は生きとるうちに使わんといかん。冥途《めいど》には持っていけんがやぞ」

かくのたまうのは、北本が資産家であるが故だが、カネの使い方は実にきれいで上手であるのに感心した。

「わしゃ112歳まで生きる。わしからすると、お前らネンネみたいなもんや」

かくのたまうだけに健康保持には細心の注意を払い、食事も腹七分目、80歳代になってもビルの上り下りにはエレベーターを使わず階段を使い、国内外の見学者たちは目を丸くした。とはいえ、残念ながら92歳で天寿を全うした。

「杉本、お前も経営者やったら、従業員全員の給料を把握しとらないかんよ。わしゃ賃金帳簿を毎日見ておる」

実際、だれか職員の名を挙げさせ、任意でいうとその職員の手取り賃金を概ね当てた。帳簿にびっしり書き込んで管理していたが、

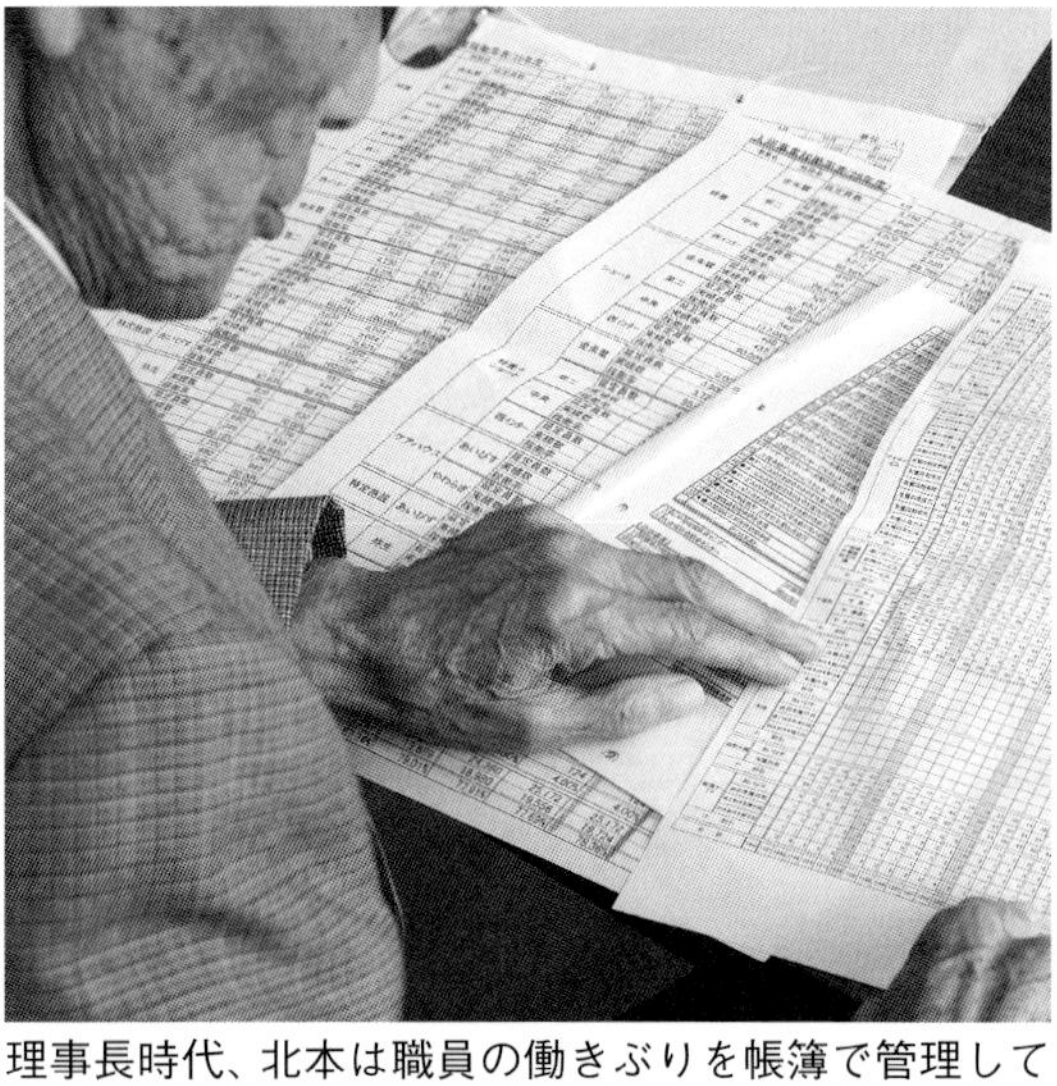

理事長時代、北本は職員の働きぶりを帳簿で管理していた

最晩年、彦三に計算センターを開設して、経理の効率的運用を図った。

さらには、新しいモノには非常に関心を示し、よく考えたうえで導入する判断は実に早かった。太陽光発電や温泉の活用などがそれである。熟慮断行の人であった。

朱鷺の苑の清掃業務は今でも続いているが、北本を尊敬した清壽と志眞子が当初から続けている、ささやかな「真心の結晶」業務がある。消臭造花鉢づくりだ。トイレなどに置かれる小さな存在が、利用者にはとても評判がいい。夫人とともに泉下にある北本には尽くしても尽くし切れないとして、「この業務だけは命ある限り続けます」と清壽はきっぱり言う。

「第四の支柱」は深井正敏

最後に「第四の支柱」は旧金沢スカイホテルの重役、深井正敏である。

昭和48年10月、金沢市武蔵に18階建て高さ69メートルの、当時、金沢で最も高いスカイビルが完成、高層部に金沢スカイホテルが入居した。これに先立つ2月にアドバンス北陸サービスが開業している。

このビッグチャンスを逃してなるものか。清壽は、1階から18階の階段を息せき切って昇り詰め、最上階から下界を見下ろして奮起した。

「よし、ここの掃除はうちがやるぞ」

アポも取らずに13階の事務所を訪ねた清壽に会ってくれたのは久保田という総務部長である。ただ、型どおりの「検討しておきます」。ところが日を置かず会った大塚という用度課長は、踏みこんだ回答だった。

昭和48年の竣工時、金沢一の高さを誇った金沢スカイビル＝金沢市武蔵

「あんたのところでこんな仕事できんかいね」

大変な仕事を快く受諾

グリーストラップという。聞きなれない言葉だ。

それは厨房《ちゅうぼう》などに設置する「油脂分離阻集器」といい、料理で使った油脂を容器に溜めこれを産業廃棄物として処理業者に出す。18、17、16、10階と地階にその阻集器があり、これを1カ月に2回、回収する。業務用エレベーターを使い各階で回収、ドラム缶に集めて館外へ運び出す。大変な仕事だが月に10万円くらいの収入になり、北鉄時代の同僚に頼むと、快く引き受けてくれた。

これが大塚の上司の深井の耳に入っていて、エレベーターでたまたま会った清壽に深井が声を掛けた。

「杉本さん、あなたの会社で絨毯清掃を縮ますことなくやれますか。ちょっと事務所に来てくれませんか」

気泡式絨毯清掃機が威力

13階の事務所で応接セットに座るや清壽は
「もちろんできます。大至急、対応します」

聞けば、深井はある業者に委託したが、その清掃によって絨毯が縮んでしまったのだという。例の気泡式絨毯清掃機を使い首尾よく納品すると、絨毯清掃の契約を結び、ホテル内のほかの清掃なども依頼してきた。

そのうち、小矢部市の千羽平ゴルフクラブの会員権を買ってくれないかと言ってきた。二つ返事でＯＫすると、グンと距離が縮まった。その後は北陸鉄道社長の織田廣を紹介してくれ、一緒にグリーンを回るなどして、名古屋鉄道、北鉄関係の人脈による新たな業務が次々舞い込んだ。

深井は名鉄から出向していて、十数年間、本当によくしてくれたとの思いが、清壽にはある。決して饒舌《じょうぜつ》ではないが、腹を割った話をしてくれた。

「人間、正直にまじめに」

「人間、正直にまじめに働くと、後で仕事も人もついてくるもんですね」

高学歴で温厚なエリート幹部だけにたまに話す言葉には重みがあった。

◇

とにかく個人商店から株式会社に移行するアドバンス北陸サービスの道のりでは、間違いなく、この「四本柱」が支えてくれ、また、進退の指針を示してくれたのである。

金沢スカイホテルのゴルフコンペ後のパーティーで入賞の祝杯を飲む清壽

【第6章】事業承継の道つく

健一社長（左）に経営の心を伝授する清壽会長
＝アドバンス北陸サービス小松営業所（2020年6月）

健一にトップのバトン

平成15年4月、清壽は長男健一に代表取締役社長のバトンを渡した。満68歳、同年12月に数えで70歳を迎えるのを前に決断した。

「健一、わしもいつまでも社長でないからな。お前も、もういい年や。これからは自力で頑張るがやぞ」

これだけいうと、既決・未決の箱と一緒に引き継ぎ文書を手渡した。ここに至るまでに清壽は健一に、社長としての自覚を促すために、教えるべきは教えたとの自負があった。

「ま、わしはわしで今後も常勤の会長として仕事をするけれど、今後はアドバンス北陸サービスの代表者はお前ということや。経営の責任者ということを一日たりとも忘れんように、しっかりやってくれよ」

清壽は、健一のリーダーシップに一抹の不安を感じていたものの、思い切って後を託したのである。

健一は満36歳。20代前半からアドバンス北陸サービスに入社し、10年余りが過ぎ、ヒラ取締役から一気に社長への昇進である。所帯は小さいといえども株式会社の社長。従業員たちの生活がかかっている職場を守っていかねばならない。

内勤の仕事が得意

最初の1年はあいさつ回りと、社業の細部までの掌握に努める。健一は清壽と違い、内勤の仕事を得意としてきた。会社案内を作成したり、企業理念の見直しなどに取り組んだ。ただ、会長になった後の清壽から寄ると触ると言われていた新規事業には、なかなか本腰を入れられない。

「健一、そろそろお前の色を出さんとダメや。何かないかいや」

「はい、一つ考えていることがあります。これからは高齢社会がますます進むし、介護保険制度が動き出して産業構造が大きく変わると思う。そんな中でアドバンス北陸サービスとしてできることがないかと考えたんです」

「わかった。ほんで、何をするんや。介護施設やったら朱鷺の苑さんから仕事をもろうとるがいや」

介護用品のレンタル

「いや、それとは違うんです」として健一が説明したのは、介護用品のレンタル事業であった。車椅子や立ち上がり補助具、歩行器、杖などから入浴補助具、介護用ベッドなど介護用品は多種多様。日頃、商いは時流に乗るのが大事と口酸っぱく言っている清壽にも「なるほどな」と受け入れてもらえた。

平成16年6月に健一考案の初事業がスタートした。事業にあたり地元金融機関から700万円を借り入れし、営業マン1人を新規採用した。

期待の取引先につまずく

ところが、スタート早々、取引先の筆頭に見込んだ朱鷺の苑でつまずいた。久しぶりに訪ねた理事長北本廣吉は意外に厳しかった。

「健一さん、うちは、あんたの会社に掃除は頼んどる。けどな、介護用品はちゃんと得意先がおるんや。すまんが、うちはいらんわ」

「そうですか。お役には立てませんか」

「健一さん、あんた、もうちょっこ、実社会の勉強をせんなんな」

帰って清壽に報告すると

「健一、シャバは甘くない。北本理事長のおっしゃる通りや。お前、それからこの仕事は、営業マンひとりを頼りにしてもダメやぞ。お前が率先して範を示せ」

その翌日から営業マンを連れて、介護施設に次々直当《じか》たりした。各施設の事務局長らに会うが、反応はどこもつれない。北本廣吉と同じで、介護施設にとって用品は不可欠であることから、オープン時に決まった業者で継続するのが、ごく普通の運営であった。だから、レンタルの新規参入は至難の業なのである。

半期の売上ほんのわずか

営業マンとともに、疲れ切って肩を落とし帰社する日が続いた。営業マンに採用したのは50歳を過ぎた普通の元サラリーマン。結果の出ない日々に落ち込みが著しかった。それでも、賃金は月末に支払わなくてはならない。給料を支払う側にも、もらう側にもつらい月末を何度も過ごした。

そうして年末、半期の売上はほんのわずか。経費倒れの6カ月に健一は決断を迫られた。しかし、なかなか踏ん切りがつかない。ためらうばかりで時間が過ぎ、10カ月目にしてようやく、苦渋の決断となった。

1年で新規事業撤退

わずか1年で新規事業撤退。社長就任2年目にしての蹉跌《さてつ》であった。「営業をしていただいた方に辞めていただくのは本当につらかった」。しかし、健一は、失敗あってこそ成功につながる、ピンチはチャンスという清壽の教えを肝に銘じた。

それから約1年経った平成17年8月、今は能美市に本社のある大手自動車メーカーのグループ会社、日野トレーディングとの取引が始まった。ただ、これは健一ではなく、清壽が掘り起こしたコマツ粟津工場との長年にわたる実績が評価されてのものであった。翌18年4月には、これも清壽の蒔《ま》いた種が花開き、金沢朱鷺の苑の日常清掃が始まり、1年後には中央朱鷺の苑、そしてその翌年には第二金沢朱鷺の苑と、前章にも触れた通り、朱鷺の苑各施設の日常清掃が着実に増えていった。

労災事故相次ぎ発生

そんな矢先。平成19年と21年、労災事故が相次ぎ発生した。

平成19年1月。ある民間事業所の見学者用通路。高所の窓ガラス清掃中、男性従業員が二連梯子《はしご》でバランスを崩し、約5㍍《メートル》下に転落、頭を打って意識不明の重体となった。その場にいた健一が119番、救急車で病院に搬送され、何とか一命はとりとめた。梯子はあくまで昇降用であるのに、ガラス窓拭きの作業床に使ったという初歩的ミスであった。

もう一つは21年12月。官庁の鉄筋コンクリートのビルで外窓ガラスの清掃中、男性作業員を支えていたロープが屋上外壁角で擦《す》り切れて約10㍍下に転落、従業員は左足踵《かかと》を粉砕骨折するという重症を負った。これは納期が近づく中、孫請け業者に作業を振ったものの、当然、置くべき現場監督を置いていなかったミスであった。

信用失墜、大きな試練

いずれにしても、元請けのアドバンス北陸サービスの管理者責任は重く、労働基準監督署からは厳しいお咎《とが》めを受けた。無論、こうした労災を起こすと取引先の信用は著しく墜ちる。一度信用を損うと回復するのは容易ではない。健一社長早々の大きな試練であった。

くだんの民間事業所は再発防止策を求めてきて、何度も再提出した末、やっと再開を認めてくれた。

「健一、実社会の厳しさを勉強したな。ただ、悲観ばかりしていてもしゃあない。ほんだけ、いろんな仕事がもらえるようになったということでないけ。今後は、社員教育と組織づくりに力を入れていくしかないいな」

さすがに数々の修羅場をくぐってきた清壽は、有事に的確なアドバイスをくれた。

安全第一モットーに

二つの労災事故を教訓に、健一はどの従業員にも、安全第一をモットーにするよう指示した。そして、安全講習にはできるだけ参加するように呼びかけ、また、資格の取得を奨励し、給与体系に反映する方針を示した。と同時に、もう一度、会社組織及び体制の見直しを図った。従業員が何百人といる大会社でない。社長以下20人に満たない。現場の主戦力はパートかアルバイトである。少なくとも本社にいる社員はほとんど管理職といってよい。逆にいえば、上下ほど良い距離感で風通しよく、「見える化」されている。

禍転じて福と成す

ロープ切断転落事故については二度と同様の事故を起こさないために、平成22年2月、愛知ガラス外装クリーニング協会に加盟し、安全なロープ作業を学ぶことにした。なぜ愛知かと言うと、石川県内はもとより、北陸にその種の協会がなかったためで、2年後の24年4月、北陸ガラス外装クリーニング協会が発足すると愛知協会から移籍し、健一は副会長としての重責を担う。令和5年春には、この協会が任意団体から一般社団法人となる予定である。まさに禍転じて福と成す、事故転じて安全対策の万全を期す模範例に昇華したと言えるだろう。

失敗を重ねながら健一は次第に「らしさ」を発揮していく。平成25年6月、小松市城南町に新小松営業所ができた。森喜朗氏の国会議員現役時代に選挙事務所となっていたものである。3階建てのしっかりした造り、航空自衛隊小松基地が近いため、ジェット機の騒音が日に何回か静寂を破るが、慣れればそうでもない。1階はほぼ掃除用具など収納する倉庫スペースで、2階が事務スペース及び応接室、そして3階が会議スペースとなっている。

顧客満足度を調べて活用

新小松営業所ができる少し前くらいから、健一は「らしさ」を具体化し始める。まず掲げた業務改善目標の筆頭が「顧客満足度の向上」である。顧客満足度調査を始める。

「そりゃどんなもんかな。満足ばかりやといいけど、むしろ、いろんな不満が表面化してくるのでないかな」

清壽は異議ではないものの、今一つ、乗り気ではなかった。

ところが健一はそこが狙い目だと力説した。

「会長、不満が浮上したら、逆に私らとしては有難いことなんです。お客様がアドバンス北陸サービスに期待していることの裏返しでしょ。改善していけばいいんです」

「そうかなぁ」と言いながら、清壽は内心、健一の成長ぶりが嬉しかった。

調査は令和の今も続けられており、令和4年11月実施のアンケート集計報告書は、直近の貴重な顧客からの「声」の結晶である。調査の分析結果は着実に業務改善に生かされている。

このほか、清壽が、健一だからこそ企画して、実効を挙げていると評価する事業に知的障がい者の雇用促進を挙げる。

障がい者雇用を促進

健一は令和元年8月、宮崎県にある障がい者雇用の先進例にならい、石川で広めるための任意団体・いしかわクリーン部会を立ち上げた。人手不足が深刻な問題となって久しいビルメンテナンス業界にあって、これを打開するには、自ら肝《きも》いりとなって行動しようと考えたからである。ここに至るまでに、自社で知的障がい者を雇用し、その多くが清掃などに真摯《しんし》に取り組み、労働力として実に有効であることを体験した。とはいえ、就労現場では最低賃金以下で雇用されている例もある実態を知り、障がい者の技術力を高めるとともに、最低賃金以上の雇用を促そうと立ち上がった。

当初、数社で発足したのが、法人個人ともに加入者が増え、翌2年11月には県の支援も得て、非営利型一般社団法人「スタークリーン&チャレンジドサービス いしかわ」と名称も改めた。同時に、障がい者が掃除体験できる砺波営業所を開所した。

県に啓発絵本230冊を寄贈

そして令和4年10月。健一は清壽とスタークリーン&チャレンジドサービスいしかわの理事、下風外茂《しもかぜ》一らとともに、県庁に知事馳浩を訪ねた。「しょうがいのなくなる日」と題した絵本230冊を、県を通して県内の障がい者施設などに贈呈するためである。

絵本「しょうがいのなくなる日」の表表紙

この絵本は、障がい者に働く場を拡げ、安定雇用を確保するためのモデルを宮崎県につくった税田《さいだ》和久が著わした。健一は宮崎で、障がい者雇用の、まさに理想郷を目の当たりにして、石川でも、宮崎モデルを実現しようと行動しており、この絵本が啓発の書になると確信している。

馳は、教育長北野喜樹らとともに一行を迎え、

「すばらしい贈り物を有難うご

啓発絵本贈呈の後、馳知事（中央）とともに記念撮影＝県庁

ざいます。障がいのある皆様にきっと役立つでしょう。頑張ってください」目録を読み上げた健一に馳はそれを笑顔で受け取り、金一封も添えた清壽に感謝状を手渡した。

２３０冊は県内の特別支援学校などに贈られる。この本を手に取った障がい者や保護者が、真のあるべき障がい者就労の夢をあたため、努力するためのエネルギー源になることを、健一は願っている。

平成元年の冬、宮崎県日向市役所のトイレで、障がいのある人たちが、笑顔で便器をピカピカに磨いていた姿が目に焼き付いている。税田から現地において、数々の成功例などを聞き、清掃は、障がい者に自信をつけることも学んだ。

「世のため人のためお役に立つのがわが社の究極の目標。前進あるのみです」。創業半世紀の会社を牽引する健一の言葉はまったくよどみがない。

終わりに

杉本清壽さんから、自費出版編集の話をいただいた時、果たして1冊の本にまとめられるのかなと、いささか不安を覚えました。

杉本さんとは、共通の知人である社会福祉法人北伸福祉会の前理事長、北本廣吉さんを通じて知り合い、10年以上親交を続けてまいりました。杉本さんの経営するアドバンス北陸サービスのパブリシティーを、「月刊北國アクタス」や北國総合研究所の情報誌「北國ＴＯＤＡＹ」に掲載するため何回か取材を通じてその人となりに触れ、理解してきたつもりでした。

しかし、杉本さんから、「文章を書くのは得手ではないので、私のしゃべることを物語風にまとめてほしい」との難しい注文があり、当初、先がみえない状態でした。お話を聞くうち、なかなか山あり谷ありの人生を歩まれてきたことが分かり、エピソードも豊富で何とかまとまりそうと思え、書き進むうち次第にカタチをなして、全6章の世渡り伝となりました。

杉本さんの世渡りの根底にあるのは、大いなる楽観であろうと思います。中学卒、親からの財産なしの裸一貫から実社会に出て、しかし、生来のまめさに愛嬌と聞き上手で人間関係をつくり、現在の地盤を築かれました。どんな局面にあっても決して悲観せず、糟糠《そうこう》の妻の志眞子さんと二人三脚で人生を楽しんでこられたのではないでしょうか。

驚いたのは、90歳に近い杉本さんの記憶力です。特に数字、固有名詞。何より大事にしてきたのは人間関係と金銭であることがうかがわれました。

昭和は遠くなるばかりですが、現代にも通用する生き方のお手本が散りばめられています。普通の夫婦でも地道に精進すれば、その先には幸せが待っている。行間に、こうしたことを感じ取っていただければ、編集した者として幸甚です。

（ふ）

アドバンス北陸サービス　創業50周年記念

昭和ひとけた世渡り伝

88歳、起業こそわが人生

発行日　2023（令和5）年3月1日　第1版第1刷

著　者　杉本清壽

発　行　北國新聞社
〒920-8588
石川県金沢市南町2番1号
TEL 076-260-3587（出版局）
FAX 076-260-3423
電子メール syuppan@hokkoku.co.jp
ISBN978-4-8330-2279-8 C0023